大地区の風景

調査風景

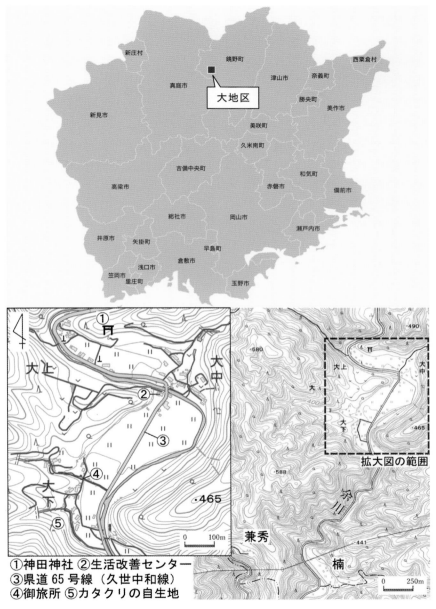

①神田神社 ②生活改善センター
③県道 65 号線（久世中和線）
④御旅所 ⑤カタクリの自生地

第 1 図　大地区およびその周辺の地形図
資料：国土地理院発行1/25,000地形図「美作宮原」および地理院地図。

第2図　神輿の準備
資料：2019年11月3日、髙野宏撮影。

第3図　秋祭りでの祭典
資料：2019年11月3日、髙野宏撮影。

第4図　拝殿の前でしゃがむコシモリたち
資料：2019年11月3日、髙野宏撮影。

第5図　神田神社を出発する神輿
資料：2019年11月3日、髙野宏撮影。

第6図　御旅所での儀式
資料：2019年11月3日、髙野宏撮影。

第7図　霜月祭りでの供物（神田神社）
資料：2019年11月24日、髙野宏撮影。

第8図　擬宝珠に掛けられたオリカケダル
資料：2019年11月24日、髙野宏撮影。

第9図　卜占
資料：2019年11月24日、髙野宏撮影。

第10図　頭屋渡しの儀
資料：2019年11月24日、髙野宏撮影。

第11図　霜月祭りにおける直会^{なおらい}の様子
資料：2019年11月24日、髙野宏撮影。

「山村の生活」再訪

—岡山県北部・大地区の70年

序文

岡山大学長　槇野　博史

　私が2017年学長に就任して以来取り組んできた「実りの学都」は、岡山大学が専門等の垣根を超えて、社会にその成果を還元することを目指すものでした。本学が力を入れているSDGs（持続可能な開発目標）もその新たな表れの一つです。

　一方で、岡山大学には幕末の岡山藩医学館をはじめとする様々な学術の歴史の系譜があり、その流れの一つとして、戦後間もなくのアメリカ・ミシガン大学との協働による村落調査がありました。当時の谷口澄夫助教授（後に学長）ら若き学究が農山漁村に入り、多様な学術的視点を超えた総合的村落調査を行ったことは、まさに現在の岡山大学が目指している地域との連携による新たな価値の創造という理念に先立つものであったと言えると思います。

このたび公益財団法人橋本財団様のご支援を賜り、当時調査した村落のうち、鏡野町（旧富村）大地区に再度調査に入らせて頂くことになったのは、我々としても望外の喜びでありました。調査開始後に新型コロナウイルス（COVID-19）感染症の世界的流行を見ることとなり、現地調査が予定通りに行えなかったのは残念ですが、加賀団長以下本学の研究者は粘り強く可能な形で調査を続け、成果としての本書の刊行を見ることができ、喜びに堪えません。調査期間の再三にわたる延長をお認め頂いた橋本財団様に重ねて御礼を申し上げます。また本書の刊行には鏡野町や大地区住民の皆様の多大なご協力を賜りましたことも、あらためて御礼を申し上げます。本書は大地区の皆様と本学の70年に及ぶご縁を、更に強めるものとなることを信じています。

　本書では医学部、教育学部、環境理工学部、農学部、文学部、経済学部等から様々な専門を持つ研究者がそれぞれの視点と問題意識で、前回調査から70年を経た大地区の現状と、今後に向けた展望を描き出しています。それは本学が目指す、地域におけるSDGs達成と住民のウェルビーイングの実現についての、具体的な現れと言えます。引き続き本学が社会に貢献できる大学となれるよう、地域の皆様と共に着実に歩んでいきたいと思います。

ごあいさつ

公益財団法人橋本財団　理事長　橋本　俊明

　『「山村の生活」再訪—岡山県北部・大地区の 70 年』発刊にあたり、ひとこと御挨拶を申し上げます。

　この度、岡山大学並びに関係者の皆様の御尽力と御協力により、鏡野町大地区の学術調査が実施され、この価値ある報告書が上梓されますことを心からお喜び申し上げます。

　新型コロナウイルス（COVID-19）感染症の影響下での調査は、幾度もの計画変更を余儀なくされる等ご苦労もあったかとお察しいたしますが、広範な分野にわたり多くの研究者の皆さまの力を得て、密度の濃い調査が成し遂げられたものと存じます。

当財団は、設立以来、広く社会福祉の増進に寄与することを目的として活動を行っております。人口減少、少子高齢化が進む日本において、特に過疎地域における集落の行く末には大きな関心を寄せておりました。そのような折、岡山大学より70年前の総合村落調査の追跡調査として、大地区の調査をしたい旨、御提案をいただきました。

　過疎地域を中心とする集落において、人々の暮らしや機能はどのように変化を遂げていくのか、自然・地理・歴史・社会・経済・習俗・建築・医学等の多面的に行われた今回の調査はこれからの日本において大変貴重で有意義なものであると感じています。

　当財団では今後も様々な機関との連携・協力のもと、これからの日本にとって重要となる調査研究を進め、公益の増進に努めて参りたいと考えています。

　結びにあたり、岡山大学調査団の皆様方、今回の調査に御協力していただきました地域の皆様方に心からお礼を申し上げますとともに、岡山大学の今後益々の御発展と、地域の皆さまの健やかな暮らしを祈念いたしまして、お祝いとお礼の言葉とさせていただきます。

第1章　大地区の70年──概観

加賀 勝・青尾 謙

第1節　はじめに

1. 大地区調査の概要

　岡山大学（槇野博史学長）は2019年度より2年間（後に延長して3年間）にわたって、公益財団法人橋本財団（橋本俊明理事長）の委託を受けて鏡野町（2005年までは富村）大地区の総合地域調査を行った。本調査は加賀勝上席副学長／教授を団長とし、岡山大学学都おかやま共創本部と各大学院・学部の研究者約10名からなる調査団による、地域住民や関係者の聞き取り調査を行った。

　大地区は約70年前の1952年に、岡山大学を中心とする「瀬戸内海総合研究会」が総合村落調査を行った3地域のうちの1つであった。当時（1950–1955年）は米国ミシガン大学日本研究所（Center for Japanese Studies, University of Michigan）が岡山分室（Okayama Field Station）を設けており、瀬戸内海総合研究会の研究者たちはミシガン大学グループの米国人研究者との協働や交流の中で新たな村落調査手法を学んでいった。大地区（当時は「大部落」と表記しているが、以下では「大地区」で統一する）へは岡山大学の谷口澄夫（後に学長）、石田寛、喜多村俊夫、藤井駿等の研究者が入り、自然・地理・歴史・社会・経済・習俗・建築・医学等の多面的な調査を行っており、その成果は1955年に発刊された書

図1-1　米国ミシガン大学日本研究所表札
出所：ミシガン大学日本研究所ウェブサイトより

図1-2　『山村の生活』

籍『山村の生活』としてまとめられた。

2．本調査の目的

　岡山大学では、2017年の槇野学長就任以来、国連の持続可能な開発目標（Sustainable Development Goals: SDGs）の達成を全学の目標として掲げ、国内・国外を問わずそのための研究・教育・社会貢献活動を進めてきた。その一環として、2018年7月には旧美作国10自治体並びに津山商工会議所との包括連携協定を結び、地方創生と人材育成を目的とした協力を行っている。本調査は、高齢化が進み地域間格差等の様々な課題を抱える岡山県北部に対して、地方総合国立大学である岡山大学が研究面から貢献することを目的としている。更に岡山大学が目指す「地域と人の持続可能なウェルビーイング（幸福、あるいは身体・精神・社会等の様々な面で良好な状態）」をそうした地域で今後どのように実現していけるか、その見通しを示すことをも目指している。

　橋本財団は広く社会福祉の増進に寄与することを目的として2017年に

設立され、岡山県における社会福祉活動に関する支援や研究に対する助成や情報発信事業を行っている公益財団法人であり、2019年4月にソシエタス総合研究所を設立したことにより、調査研究事業を加えている。

　本調査は、両者並びに地域住民の皆様、あるいは鏡野町や様々な関係者の協働とご支援によって行われた。それは大地区という一地域を手がかりに、70年間という年月が岡山県内の中山間地域にどのような意味を持ったのかを検証するとともに、あわせて過疎・高齢化の進む地域社会が現在持つ課題と、そうした地域が今後どのように「充ち足りた生（ウェルビーイング）」を営んでいくことができるかを探る試みである。

第2節　前回調査時の大地区

1．大地区の概容

　前回調査（1952年）時の、岡山県苫田郡富村大字大地区とはどのような地域だったのだろうか。以下では1955年刊『山村の生活』（カッコ内は同書ページ数）の記述をもとに、調査団が見た村の姿を再現してみたい。

　大地区は周囲を山に囲まれた標高約310メートルの、余川に面した渓谷に位置する山村である。当時は交通が不便であり、鉄道のある久世から約11キロ、あるいは当時富村役場のあった富西谷まで山越しで7キロとバスもない状態であった。その道も舗装はされておらず、砂利道を徒歩や自転車、あるいは馬車で移動した。材木や炭を買いに来るトラックやオート三輪を別にすれば、住民の生活は村の中で完結していたと言える（1-3）。

　当時の大地区の総戸数は47戸で、そのうち農林業兼業が23戸（49%）、

図1-3 移築された森江家住宅　森江俊文氏撮影

農業12戸（25.5％）、林業7戸（14.9％）と農林業が大多数を占める。総人口は約250人で、世帯ごと人数の平均は5.3人である。大多数は農林業のいずれか、あるいは両方に従事していることになっている。年齢別では26～30歳、また36～40歳の男性が極端に少なくなっており、戦争の影響がみられる。また6～10歳も少なくなっており、戦中戦後の乳幼児死亡率の高さを窺わせる構成となっている。66歳以上の男女は25名（10.1％）であった（396-399）。調査された家屋45戸のうち「草葺」（かや葺きのことと思われる）屋根が21戸、杉皮葺14戸、柿葺6戸と9割以上が自然素材のものであり、瓦（3戸）やトタン（1戸）は数少なかった。ちなみに当時としても杉皮や柿葺きが多いのは珍しかった様子である（401-402）。家の作りは中国地方の農家建築の典型的なもので、多くは平屋で建坪20坪から50坪（66-165㎡）、倉や長屋、附属家を持つものも多い。古いものだと後に移築され、国重要文化財となった森江家住宅（図1-3）のように、200年以上前のものとなる。家族の生活空間の中心となるのは板敷きで囲炉裏のある「ダイドコ」であり、その奥に畳敷きの寝室がある。「ニワ」と呼ばれる家の中の土間に牛小屋が多く設けられており、農耕牛が

大事にされていたことがわかる（387-395）。

　ちなみに森江家の保存および国重要文化財指定に関しては、建築分野で調査に参加した佐藤重夫（後に民俗建築学会第3代会長）が尽力した。佐藤は大地区の民家位置や全家屋を詳細に調査し、最も古い農家建築として森江家が建てられた年代を特定した。1963年に再調査を行い建築的価値が確認されたことで保存運動に着手し、1969年に重要文化財の指定、1976年に移転復元を完了するに至った。

　大地区の中には王子権現、それに大麻神社と五社神社、それに隣接する楠と兼秀2地区の鎮守を明治末年に合祀した神田神社があり、大地区の祭礼の中心となっている。『山陽誌』によれば乾元2（1303）年に朝廷は京都賀茂社の造営に必要な材木の提供を登美杣に求めたとの記録があり、古くからこの地域は良材の供給源であった。大地区について残る最古の記録は神田神社の至徳4（1387）年の棟札であり、当時は富美庄「応」村と言った村の住民によって再建されたことを示している（19-25）。

２．大地区の経済と生活

　当時の大地区は山林面積が全体の92.7%（約273ha）を占め、そのうち約74%は薪炭用の雑木（広葉樹）林、約10%が農耕牛のための共有の採草地・放牧地、用材林はわずか5%であった（241-242）。主要な現金収入はナラ・クヌギ・カシ等の木の薪炭（黒炭・白炭・割り木等）、スギ・ヒノキの伐り出し、それに加えて紙幣の原料となる三椏（ミツマタ）やコルクの代用となるアベカワ（アベマキの樹皮）等の農外収入であった（195-203; 243; 251-253）。とはいえ大地区には田畑も存在し、農村としての性質も多少は見られたが、それは自給用の性質が強かった（4-17）。なおこれより少し後の1955年の岡山県内における林業就業者の1人あたり

所得は327.0千円であり、同年の第1次産業（87.9千円）だけでなく、第2次産業（233.7千円）や第3次産業（205.9千円）の平均より顕著に高い。村の住民は当時のことを「山仕事がよかったから、役場に出よう（勤めよう）とは思わなかった」と思い起こしている。エネルギー革命前の、豊かな現金収入を持っていた山村の姿がわかる（久留島2013:96）。

　田畑の耕地面積は田が総耕作面積155反（15.5ha）で、35戸が0反から10反まで分布しているが、5反以下が67％を占め平均は3.3反（0.3ha）であった。畑は総面積52.7反（5.3ha）、37戸のうち1戸を除けば2反（0.2ha）以下であり、自給的性格が強かった（399-401）。当時は水田で和牛による牛耕が行われており、大地区でも農用・繁殖用含め計92頭の牛が飼われていた（153-154; 215-216）。焼畑を含めた畑ではミツマタ、麦、大豆、大根、コンニャク等が植えられていた（164-169）。化学肥料や機械（発動機・脱穀機・籾摺機）の導入も戦後徐々に進んでいったが、調査団からは「非合理的な慣習」や農業技術の「立遅れ」「後進性」による「低生産性」が指摘され、更にそれが「保守的な農民の性格」と結び付けられている（173-179; 185-187）。また調査団は『山村の生活』の中では珍しく、これからの大地区の農林業経営について、価格変動の影響を避けるために、スギ・ヒノキといった用材生産の増加やミツマタ・畜産の振興、クリ・ウルシ等の導入による農地の有効活用と多角化による経営の安定を提案していることは注目に値する。同時に、住民の意識が「伝統的同族意識より離れて個人を主体とした近代的意識の上に立ち上る」ことが条件であるとし、また山林所有等の「山村の社会化」を求めている点、「近代化」をよしとする時代の意識が感じられる（205-208; 287-295）。

　『山村の生活』には、当時の大地区の人々の生活が活き活きと描写されている。田畑の仕事以外にも冬の炭焼きや薪木こり、養畜、ミツマタの植え付けや加工等、その生活は一年を通して男女問わず激しい労働に支えられたものであった。その中で正月（当時は旧正月なので2月）、6月の

田植え後の休みである「代満て」や11月の祭りを、短い休みとして祝ったのである（261-266）。年中行事も多く、家ごとに違う部分もある。田植えでは他の家から手伝いを受け、ぼた餅や酒を手伝ってくれた人に出すなど、「手間替え」と呼ばれる共同作業も行われていた（381）。

　電燈は46戸にあり、農産物の搬出にも使う自転車は58台を数える。ラジオは27台、ミシンは18台と普及率は低くなる。井戸があるのは14戸で、28戸は川の水や湧き水を利用している。新聞は89%が購読しているが、雑誌は30%に留まる（269-271）。男性の仕事着は着物からシャツとズボンになったが、女性はケハン（脚絆）、テッコー（手甲）、前掛けを着け着物を尻からげに着た。食事は日に5回、主食は暮らし向きのよい家で米7割、麦3割である。粟や稗、山菜等も団子にしたり主食に混ぜたりして食用にする。冬には狩りを行い、猪・鹿・狸・ムジナ・鳥類を矢や罠も使って捕らえる（376-379）。魚を食べるのは2−3日に1回と回答したのが18戸、1週間に1回が13戸となっており、肉は「2週間ないし月に1回」が17戸、「わからない」が27戸と最も多いことから、副食の種類が限られていることが窺える。一方で山仕事をする男性は1日に主食7〜8合を必要とし、酒（焼酎）の支出も多い（271-274）。

　家計の支出は家ごとに年間10万円から20万円というところであり、炭焼きの収入がよい年には概ね黒字となっていた。その中でも米・麦・大豆・小豆・蔬菜類や自製した油・味噌・醤油等の自家消費を含めた食費の占めるエンゲル係数は50-60%と高い。その他教育費（高校以上は自転車でも通学できず、下宿することになる）や医療費のほか、ある家では娘の婚姻のため20万円近くを支出していることが注目される（275-281）。こうしたお金の流れで見る限り、孤立した山村というイメージとは異なる、薪炭や用材、ミツマタ等の商品作物を売ってその収入で生活する大地区の性質が明確である（287-288）。

　村人の生活を支える組織としては富村役場の他に、昭和23（1948）年

設立された富村農業協同組合（農協）や森林組合があり、47戸中45戸が農協の組合員となっている。昭和24（1949）年以降は大地区に大・大倉・楠・兼秀4地区のための農協の支所があった。しかしこの農業組合については調査団によって「お役所的」な「事なかれ主義」と企業性の欠如が指摘されている（281-286）。

医学調査では、何らかの眼疾患が認められた住民が30.2％（最も多いのは老人性白内障、次いでトラコーマ）に及ぶが、同時期に調査された下津井田ノ浦の69.8％に比べれば低いとの記述があり、口腔状態も農漁村より良好と結論されている。寄生虫卵の保有率は71.4％と高く、これは飲料・用水を川水に依存していることと関係があると考えられている。遺伝形質の調査も実施されたが、二重まぶた以外については特に明確な遺伝様式は認められなかったようである（396-429）。

3．大地区の社会的特質

上述の通り、当時の大地区の人口は47世帯で250名、各世帯では平均5名強であった。その中で3〜4世代家族の比率が49％と全国平均の19％と比べ高く、また地区内（同族）婚率が高いことが指摘されている（309-310）。地区内は上・中・下の地縁組に分かれ、またその中に数個の親族集団が混住している。地縁集団ごとに「辻山」（採草・放牧を行う入会地）を持ち、また「講組」と呼ばれる組織により葬式の際の作業分担を行う（346-354）。「山の神講」、「荒神講」、「大師講」、また「講参り」と呼ばれる寺社への参拝（中山講・美保関講・宮島講・山上講等）のための「講」と呼ばれるグループも、大まかに地縁ごととなっている。大地区（と当時は楠・兼秀も）全体の神社である神田神社の他に、親族集団ごとに五社・大麻神社や氏神等の祭祀を行っており、地区内は同族組織や地縁組織等、種々の組織による社会活動を伴う多層構造になっている。

各組織の世話は多くは輪番制の「頭屋」と呼ばれる家が行うが、旧神主家など特別な役割を持つ家も存在する（338-345）。

　大地区調査における大きな特色は、親族組織である「株」について、江戸時代以降の家系図を作成し、分家や相続関係の詳細な調査を行っていることである。また同じく江戸時代から近代を経て、戦後の農地改革後に至る土地所有や階層分化のあり方が相当な分量を使って詳述されており、調査団としての関心の所在が窺われる。

　その結果として調査団が大地区の特徴として結論づけたのが「社会的、経済的な等質性と、それとの関連においてみられる変化、進展の少ない停滞性」であった。それは調査時だけでなく、大地区に残っていた村方史料の調査によって、江戸時代から続いてきたことが示された。調査時地区内に住む家族は全て江戸中期から続いており、庄屋を交替で務める有力な数家は存在したものの、社会的・身分的な階層性は弱く、県北に多く見られた隷農の存在も見られない（25-27）。大地区では江戸時代以来、田畑や山林所有も「32人持」と呼ばれる共有（入会）林が多いなど比較的均質な性格が強く、明治以降でも多少の変動と分化はあったものの村外（不在）地主の土地集積はほとんど見られなかった（45-47;57-62;149-150）。これは富村の他地区と比べても顕著な特色であり、交通の不便さや土地の生産力の低さ、また没落した家族の田畑や百姓株を同族内で保持する等の機能が、村落内の均質性を保つ役割を果たしていたとみられる（74;109-110;118; 335）。また頼母子講と呼ばれる、加入者が掛金を払い込み、後でまとめて受け取る講（今日で言うマイクロクレジットであり、金銭的に困った人に周囲が融通する意味を持っていた）や、郷倉という窮乏した村人が籾を借りる制度も（後者は明治初年頃までで消滅）あり、地区内の伝統的な相互扶助の仕組みも存在していた（353-354）。

　農地改革前の昭和13（1938）年でも総戸数34戸のうち自作農が30戸、小作または自小作が4戸と小作地は限られ、地主も小規模な耕作地主に留

まっていた（同時期に富村全体では小作・自小作が過半数を占めていた）。昭和23－26（1948-1950）年に実施された農地改革では大地区の水田面積の3割弱にあたる48.3反（約5ha）が買収・売り渡されたものの、その大部分は富西谷等の大地区外にある貸付地であり、地区内のものは3.7反（約0.4ha）にすぎなかった。また親族内の名義変更も多く、地区内の小作地が改革後も残るなど、一般的な農地解放とは性質の異なる、ある種不徹底なものであった（126-130; 137-140）。

　教育面については調査団は大地区の豊かな自然の教育的効果について高く評価する一方で、富小学校の分校である興基校舎と農業協同組合の支所以外に公共施設がなく、公園や映画等の文化に接する機会が乏しいことなど、文化施設の「貧困」に厳しい目を向ける。特に大地区の学童が富中学校で平均以上の学力を示しているのに、高校以上の学校教育の機会に恵まれないことが「才能のある青少年をそのまま埋もれさせ……ひいては地域の発展を停滞させる原因となっている」と嘆いている。また大地区の家庭が学校教育には熱心である一方で、家庭での教育において祖父母の影響など「低迷する社会意識」が問題と指摘している（355-369）。

　更に大地区の社会意識を調査した際に、青年層以外の世代（祖父母層・両親層）はおおむね財産や相続について「家」を基盤とし、農地改革や男女同権についても懐疑的であるなどの結果が出たことから、大地区に残る「家」意識の強さを指摘する。それが等質的な歴史から来たものであることに理解を示しつつ、「全般的にいえば近代的な人間像ではない。個人の意志の窒息した、周囲の力と個人の力のバランスの上にのみ人生の意義の見出される世界」「低迷せる社会意識」として断じており、これは当時の民主化・近代化をよしとする風潮の影響と推察される（369-375）。

第3節　現在の大地区

1. 第一印象──「美しい村」

　加賀団長以下岡山大学調査団のメンバーと、橋本財団の橋本理事長ほかが初めて大地区を訪れたのは、2019年4月のことだった。現在では岡山市から高速道路に乗れば、1時間余で大地区に到着することができる。前回調査時の、岡山からバスで4時間余に加えて山道を歩いたという苦労と比べての大きな違いを感じた。また大地区には空き家らしき家も見られ、かつての萱葺きの屋根はトタンや瓦葺きに替わっていたものの、全体としては田やあぜ道の様子も整っており、高齢化・過疎化しているはずの地域としては意外とも感じるほど「美しい村」というのが、調査団の受けた第一印象であった。

　大地区の興基小学校（分校）は1980年に閉校となっていたが、今でも

図1-4　大地区地図

図1-5; 1-6; 1-7　大地区の現状　いずれも青尾撮影

大地区の集会所（生活改善センター）として使われており、そこでお話を聞かせてくださったご年配の住民の方々は、前回調査のことも覚えておられた。

- 「前回調査の時には中学を出て村にいた。大学の先生が来るというので驚いた。恐ろしいような気がしたが、来てみたら親しみやすかった。」
- 「当時は小学生だった。藤井（駿）先生が父親とドブロクを飲んでいたのを覚えている。」
- 「（調査団は）この集会所裏の家に泊まって生活していた。村の女性が食事をこしらえていた。」

図1-8　調査団と大地区の住民との会合　青尾撮影

・「血を取られたのを覚えている。」
・「大きな車で来て、砂利道でパンクしたのに馬車のタイヤをつけた。」
　しかし、和やかに話をしていた席上で出席者の1人から、「お願いがある」と切り出されたのは、重い言葉であった。「調査のための調査はしないでほしい。もう50年経ったらこの地区がなくなってしまう。この地域がどう生き延びるか、それを考えてほしい。」というお言葉は調査団にとって重い宿題となった。そこで相談の上、あらためて岡山大学として大地区の皆さんに調査の趣旨について説明し、調査を開始することとなった。

2. 住民——高齢化と人口減

　大地区を含む旧富村が編纂した『富村史』によれば、高度経済成長の始まった1950年代後半から人口の流出が本格化した（富村史編纂委員会1989:508）。また野邊（2011）による富村全体の人口動態調査によれば、富村全体での2000年代半ばまでの人口変動は、以下のような段階を経たという。

ⅰ）高度成長期の1970年頃までは、大阪等の大都市部、あるいは水島等で工業化の進む県南部への転出が社会減の大きな要因となる。これは経済学者の吉川洋が「民族大移動」と形容した、高度成長期の農村から都市への若者の流入によるものであった（吉川 2012:102-104）。

ⅱ）その後は大都市圏への流出に代わって、それ以前から数としては多かった真庭・鏡野・津山といった近隣地区への転出が中心となる。

ⅲ）更に2000年以降は高齢者の死亡による自然減が人口減の主な要因となっている。

大地区の住民からも、以下のようなこれを裏付ける発言が聞かれた。

・「中学の同級生（筆者注：1954年卒）34名で残ったのは自分だけだった。出た人は戻らん。」

・「仕事で県南に出て、定年を過ぎて帰ってきたが、帰ってきたのは自分くらい。」

・「いい学校を出たら戻ってこない。」

・「若い世代は町に家を建ててしまう。子どもの学校のこともあるし。」

1952年の調査時には約250名を数えた大地区の住民も、約35年後の1989（平成元）年には既に131名になっており、その後も図1-9に示す通り、着実に減っていった。特に町村合併で富村が鏡野町の一部となった2005年度以降で減り方が加速している。2019年3月末時点で大地区の住民は61名だが、これは住民登録をもとにした数であり、実際に日常的に大地区に住んでいる住民は50名弱、世帯数24程度というのが現状（2019年5月現在）である。なお大地区に住む24世帯のうち、ほとんどの世帯が前回調査時から続いて住んでいる家族であるが、外から移住してきた家族が2世帯あることが着目される。

　これを前回調査時と比べれば、人口は約5分の1、世帯数は約半数に減っていることとなる。更に高齢者数は1989年以後30-40人で微減傾向なが

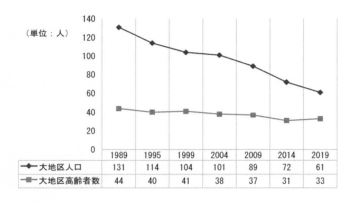

図1-9 1989年以降の大地区人口・高齢者数推移
出所：鏡野町人口データ並びに大地区住民総会資料より筆者作成

らほぼ一定しており、2019年には人口のうち65歳以上の住民が占める高齢化率が54.1％に達している。人口が減る中で1人暮らしや2人暮らしの高齢者が残っている大地区の様子が窺える。

3．交通

　戦後間もなくの時期に行われた前回調査時には、大地区につながる道も砂利道であったが、その後富村内の道路も着実に整備されていった。1960年頃には湯原奥津（県道56号）線が富村中央部と余川をつなぎ、更に久世中和（県道65号）線が富村から久世をつないだことにより、大地区から富村や真庭に出る道が整備された（図1-10）。また、1975年に中国自動車道の吹田＝落合間が開通し、インターチェンジが津山市に設置された。県道56号線及び県道65号線は、1980年頃までかけて改良されていき（富村史編纂委員会 1989:761-764）、住民によれば大地区の道がアスファルトになったのは1980年頃であったという。1992年には、落合＝米子を結ぶ米子自動車道が全線開通し、最寄りの高速道路インターチェンジ

が久世に開設された。1958年には勝山＝大倉間、1960年には津山＝富間を結ぶバスの直通便が設けられているが、その後自家用車の普及によってバス利用者が減り、1980年代からは大幅に便が縮小され廃止されていった。2007年には勝山＝富間が廃止され（野邊2010:58）、現在は、津山市と鏡野町との共同バスである「津山・富線」が、津山市内から富振興センターへ、やませみ号「富・勝山線」がそれぞれ平日1往復しているのみである（鏡野町ウェブサイトより）。

　富村での自動車登録数も1955年に貨物自動車6台、軽四輪8台のみであったのが、1980年には貨物自動車54台、乗用車299台、軽四輪181台となり（富村史編纂委員会 1989:784）、1998年には貨物自動車69台、乗用車285台、軽四輪354台に増加していった（中国運輸局岡山陸運支局）。

　道路が整備され、自動車が普及したことで、人々の暮らしもかつてのように地域内で完結するものでなく、広域化する「農村の都市化」（具 2002:103）と呼ばれる現象が生じている。まずは近隣都市への通勤が可能となり、家を継いで大地区に残った男性の多くが津山市の工業団地等、地域外に職を求めることになった。1975年には富村内の多くの人が自宅（391名）あるいは村内で従業（256名）しており、村外（主に真庭・鏡野・津山）は118名に過ぎなかったのに対して、2000年時点では村外で就業する人（164名）が、自宅で従業（124名）あるいは自宅外の富村内で就業（141名）より多くなっている（野邊 2011:188）。

　住民の日常生活も、旧富村外に広がっている。大地区にあった商店が2005年に閉店（野邊2009：21）して以降、車のない人は買い物も真庭市の久世から週2回来る宅配に頼っている。病院への通院先も真庭市（久世・落合）や鏡野町、津山市まで及ぶ。更には高齢者だけの世帯でも、子ども夫婦等の近親者が鏡野町や津山市等の車で往来できる近隣に住んでおり、頻繁に訪問しつつ高齢者の支援を行っていることにより、日常生活や農作業を維持できている（野邊 2011:181;192）。

図1-10　大地区と久世を結ぶ久世中和線（奥は米子自動車道）
青尾撮影

　また大地区が「外」の世界とつながったことにより、かつてでは考え
にくかったような外国とのつながりも出てきている。村を出た子どもや
孫世代が会社勤めで海外駐在に出たり、また外国出身の配偶者女性が村
内に居住するような事例も見られる。

4. 経済・産業

　大地区では前回調査の入った1950年代には、多様な収入源があったと
いう。家によっては一冬に300から500俵焼けたという炭（黒炭・白炭）
や木材、薪、チップ（1970年頃から）の他に、ミツマタ（造幣局への「局
納」で100万円あげる家もあったという）、アベカワ（樹皮をむいてコル
クの材料に）、養蚕、コンニャク、シイタケ、小豆更に和牛の子牛を売る
等があった。

　大地区の戦後の生業を大きく左右したのは、林業の推移であった。も
ともと富村は村有林が多く、豊かな村だった。戦後の住宅需要により木
材価格は上昇を続け、1980年には全国の山元立木価格平均が杉で㎡

22,707円、檜で42,947円に達した。昔は馬車で久世の市場まで持っていったり、あるいは業者が買いに来たりしたという。住民は「昭和60年代（1980年代）頃までは木材もよかった。檜の立木で1本1万円くらい、あるいは昭和の終わりで一町歩の山が500万円になった。」と思い返す。

　林業の転機に決定的な影響を与えたのが、林業公社による造林活動である。林業公社は岡山県では1964年に設置され（現：公益社団法人おかやまの森整備公社）、1958年の「分収造林特別措置法」を根拠に森林所有者の費用負担なしに造林を行い、伐採収益を公社と所有者で分配する分収造林事業を進めていった（泉他 2007）。このための費用は公社が借り入れで賄い、伐採後の収入で返済する計画であったが、実際にはその後の木材価格低下により、各公社は借入金返済に苦しむこととなる。また2018年現在で杉・檜の㎥あたり立木価格（全国平均）がそれぞれ2,995円、6,589円まで低下しており、今では切り頃の木に手も入れられずにいる。いずれにせよ、1950年代終わり頃から木炭需要が低下したこともあって、大地区でも広葉樹の雑木林が杉や檜の人工林に置き換わっていくこととなった。また大地区の住民は、公社から協業体を通じて植林や間伐・中刈り等の仕事と、現金収入が得られることともなった。住民の1人は「協業体（の作業）から年間百万円単位の収入があった。皆ぼろもうけで、その金で子どもを大学まで行かせたら帰ってこなかった。」という。

　農業の大きな転機となったのは、1986-1987年の耕地整理であった。それまで曲がりくねったあぜ道で区切られていた田が機械の入れるよう整地された。とはいえ、大地区全体で15ha程度の水田面積ではそれで生活を賄うというより、自分たちの食べる分を作り、余剰を農協に売るという程度であった。さらに1980年代には米1俵の価格が18,000円程度をつけたが、今では10,000円から12,000円程度であり、とても農業専業でやっていくことはできない。他に勤めがあって、週末に農業や山仕事をやるのが精いっぱいであるという。

現在、大地区の農業経営に大きな役割を果たしているのが、旧富村時代の1997年に富村と農業協同組合、民間企業が合同出資してできた「ファーム登美」である。現在では株式会社となっており、旧富村内で29haの農地（水田）を借り上げて耕作している。大地区では現在、自分で水田をやっているのは7軒だけで、水田のうちほぼ半分はファーム登美に貸しているという。しかし条件の悪い傾斜地等の水田はファーム登美も引き受けず、放棄されるところも出てきている。また地区内でも2名が個人で水田を借り受けている。いずれにせよ貸しても代償はなく、水田を荒れさせないだけであるという。大地区の住民は「ファームがなければ、富はもっと荒廃していた。ファームはなくてはならない存在」という。畑はさらに状況が深刻で、丘の上の「段（壇）」と呼ばれる畑の半分程度は放棄され、周りにはシカやイノシシの足跡や掘り返した跡が見られる。調査団が初め「美しい村」と見た姿は、既に住民の力だけでは維持できなくなっている光景であった。

5. 社会生活

　地区の生活は年に1度、正月に開催される総会や神田神社の祭りなど、昔と変わっていない部分もあるが、多くのものが消え、また変化している。集まっての食事の準備を一部仕出しのオードブルにしたり、葬儀も葬儀社に頼むなど省力化や外注が進んでいる。また地区の集会場が各種の集まりに使われており、重要な役割を果たしていることが窺われる。

　大地区の中でも女性たちのコンニャク生産組合ができたり、カタクリの花の群生地を使ったかたくり祭りが開かれる（数年前に廃止）など、住民による様々な試みがあった。

　荒神講、山の神講、中山講、その他の講も1990年代以降なくなった。中山講が解散したのは2007年のことである。講が果たしていたお金を借り

図1-11　秋祭りの様子　髙野宏撮影

たり、旅行に行ったり、集まって酒を飲んだりといった機能が農協等に
よって代替されるようになるなど、他にも娯楽の機会が増えてきたこと
が大きな原因である。農作業や屋根の葺き替えといった手間替え（共同
作業）、田植え後の代満て休みやごちそうの応酬も、屋根がトタン張りに
なり、村人が他に勤めを持つようになった1970年代（昭和40年代）頃に
はなくなった。年配の住民は人間関係が薄れてきていると嘆く。

　神田神社の祭りは今でも年4回行われているが、行事は簡略化されてい
る。神輿の担ぎ手が足りなくなり、今では車で引いている（図1-11）。前
回調査時には神田神社の氏子であった楠・兼秀地区は1960年代に氏子を
離れており、旧神主の3家のうち、2家は家も残っていない。

6. 地域を取り巻く環境の変化
——行政等の「広域化」、新たな組織

　富村は1889年の富西谷・富東谷・富仲間・大・楠の5村合併による旧
富村の成立以来、1957年の県による合併勧告（富村史編纂委員会
1989:525-526）にもかかわらず自立を保ってきたが、「平成の大合併」で
ついに独立の自治体としての地位を失った。富村は2005年に奥津町・上

齋原村とともに鏡野町と合併し、その一部となったのである。旧富村役場は富振興センターとなり、町職員の数も5名と旧村の20名以上に比べ、大幅に減少した。富には保健センターが残り、内科と歯科の診療所、また鏡野町社会福祉協議会によるデイケアセンターがある。大地区内の興基分校は1980年に閉校しており、富小学校は残っているものの2022年度末で統合予定、富中学校は2016年に鏡野中学校に統合されている。青年団は旧富村であるが活動は活発でなく、婦人会も活動を縮小している。

　合併の結果、旧富村の行っていた手厚い行政サービスは鏡野町として一律のものとなり、水準も低下した（野邊 2010:58）。鏡野町はその中で2010年度から「地域づくり協議会」制度を旧町村単位で設置し、それぞれの中で住民の要望に基づいた事業内容を実施している。とはいえ、住民や行政でも協議会で何をするべきか、行政との区別は何か、まだ戸惑いの色が見られる。

　森林組合と商工会も、2005年に現鏡野町内の4町村の各組織が合併し、作州かがみの森林組合並びに鏡野町商工会となった。農業協同組合（農協）に至っては、2020年4月から岡山市を除く全県で単一農協（JA晴れの国岡山）となっており、かつて大地区にあった農協支所も、富村内の農協営業所（現在はATMのみ）も閉鎖されて久しい。こうした行政や農協の広域化に伴い、従来に比べて住民と公的支援の距離が「遠く」なっているのが大きな変化である。

　一方で前回調査時には存在しなかった組織もあり、住民の生活を支えている。上述したファーム登美は1997年、旧富村と農協、民間企業1社の出資によって設立された有限会社であり、2009年に株式会社に移行した。現在でも町長が社長となっており、フルタイムの社員2名、季節雇用のアルバイト等数名で旧富村内の約30haを借り上げ、主にコメや牧草の耕作を行っている。1987年に旧富村が設立した財団法人富村ふるさと振興公社は、富村高齢者センター（当時）やのとろ原キャンプ場、登美山

荘、ヒラメ（アマゴ）種苗センター、養殖施設等の管理運営を行ってき
たが、継続的な赤字を村財政から補填されてきていた。それも鏡野町と
の合併後、2008年に同町内の別の第3セクター組織である未来奥津に統
合された（富村史編纂委員会1989:559-562; 野邊2010:58）。しかし2018年
に新たに旧富村住民を中心に一般社団法人富ふるさと公社が設立され、
2019年度からのとろキャンプ場や温泉施設の指定管理や小学校スクール
バス・福祉バスの運行等を受託している。常勤の職員はアルバイト含め
十数名であり、関東出身の若手もおり、大地区の住民も数名勤務してい
る。

第4節　おわりに

　大地区の70年間による変化をどのように見ることができるだろうか。大
地区でも日本の農山村に典型的なように、高度成長期に若者が村を離れ
て都市部に移住していき、その若者たちは少数を除き戻らなかった。一
方で、道路と自動車の発達・普及により、村に住みながら近隣都市部で
勤めを持ち、通勤することが可能となったため、中国地方の山地で見ら
れた挙家離村（具2002:99）は比較的少なく、人口を大きく減らしながら
も、村としての営みを続けることができている。買い物や医療、教育な
ど、住民の日常生活も村で完結するものではなく、広域化（農村の都市
化）している。
　生業の面では、高度経済成長期に炭などの多様な収入源を失い、人工
林（杉・檜）に特化していった結果、森林公社等の政策的支援も受けて
1980年代頃までは「いい時期」を享受することができた。しかし木材価
格が下落すると、地域を支える生業そのものを失ってしまったのである。
農業は従来から自給的性質のもので、収入源として頼れるものではなか

ったため、大地区に残った住民は近郊都市に職を持つ第2種兼業農家として生きることになった。それも高齢化により限界に近付いており、外部の農業法人に多くをゆだねているのが現状である。

　祭り等の地域の文化行事も多くは簡略化されているものの、依然として続いている。しかし近年若い世代は教育等の理由から、都市部に移り住む傾向が強くなっている。70年前に比べて住民数で5分の1、世帯数で半分という人口減と高齢化は、大地区の存続そのものを危うくしている。一方で地域を支える行政も農協も合併で広域化しており、手厚くきめ細かな支援は期待できにくくなっている。こうした高齢化の進む地域では、今後も様々な生活課題が生じていき、それについて地域コミュニティと行政の双方のカバーできる範囲の間で間隙が生まれていく可能性がある。

　今後の地域にとっては、大きく分けて以下のような解決すべき課題があると考えられる。

　ⅰ）健康や人とのつながりといった、客観的・主観的なウェルビーイング（身体・精神・社会の良好な状態）をどう守っていくか

　ⅱ）村に住み続けながら、医療・介護・教育・買い物・移動等を含む多様なサービスにどうアクセスを担保していくか

　ⅲ）住民の生活を支える生業や収入をどのように確保していくか、特に地産地消的な産業や収入を地域でどう創出するか

　ⅳ）これらの課題に対応していくために、行政、地域コミュニティ、地域内の組織、更には外部の大学や財団／NPO等の組織がどのように連携していけるか

　こうした課題に応えていくことによって、現在の住民や新たに入ってくる住民も含め、可能であれば地方に住みたいと思う人々の生活を現実のものとできることとなろう。

注
1) Center for Japanese Studies / Okayama Field Station はこれまで和文文献でそれ
ぞれ「日本研究所」「岡山分室」と訳されてきた例が多いため、本稿でもそ
れに従う。
2) 日本不動産研究所 (2018).「田畑価格・山林価格調査（2018年3月末現在)」.
p.5. 山元立木価格（全国併記・1㎥当たり）
3) 同上

第2章　大地区調査の持つ意味
——「村落調査」の変化の中で

第1節　はじめに

　村落調査、それも「総合」調査を行う意味は何だろうか。本章では、近代日本における農山漁村調査がどのような意味合いを持ってきたか、その中で戦後の総合村落調査がどのような意味を持っていたのか、そしてそれが今日において持つ意味について検討していく。

第2節　戦前

1．日本国内における地方・民俗研究

　明治以降、近代日本における学術は欧米からの知に基づく「国家」に資するものが優先され、また帝国大学等の官学に代表される、国家による制度化に拠っていた。また明治国家は地租改正の実施を通じて、江戸時代までの村が年貢徴収の単位であった村請制を、個々の土地所有者が納税する制度に転換した（松沢 2016）。こうした背景から、「官」側の学問の体系の中では、江戸時代の農村や村落に関する著作等の知は多く無視されることとなった。その一方で、地域の古習や民俗の研究は多くの場合、近代以前とも連続する、在野・民間の研究者たちの地道な努力に

よってなされるという二重構造となっていた（成田 2017:26-27）。

　その中で例外的に「官」学側から農漁村や地域に関心を寄せられたのは、東京帝国大学農政学研究室や京都帝国大学農林経済研究室による農漁村調査等、国家による地方統治に資するためのものであった（京都帝国大学農学部農林経済研究室 1935; 東京帝国大学農学部農政学研究室 1933a;1933b）。また植民地官僚を経て京都帝大・東京帝大で植民政策を講じた新渡戸稲造は「地方学（Ruriology）」を提唱し、1898年『農業本論』で地方文献資料、風俗習慣や民間伝承など非文字生活資料を重視した農村生活理解の必要性を訴えた。その後は新渡戸の設立した「郷土会」のメンバーであった柳田國男や石黒忠篤ら農政官僚が、その協力者となった地方による民俗・郷土研究を統合して戦前の民俗学を作り上げていくこととなる。あるいは渋沢敬三や宮本常一らのグループによる「常民」への関心と地方調査など、戦前の地域調査には「中央」と「地方」、「官」と「在野」のせめぎあいと葛藤が様々なかたちで存在した（加藤 2020:44-48）。

　戦前の日本におけるもう一つの地域研究の流れが植民地研究である。台湾・朝鮮等における土地調査事業や旧慣調査、部落調査等を端緒として、戦間期に日本国内での調査が難しくなっていく一方で、「帝国版図」としての満州・中国等のアジアや南洋等のターゲット地域における調査に拡大していった（末廣 2006）。そこに関わったのは台湾民政長官や南満州鉄道総裁を歴任した後藤新平等の植民地に関わる人脈、あるいは上述した新渡戸やその後継者となった矢内原忠雄といった植民政策学者、田中秀作や冨田芳郎ら地理学者、また白鳥庫吉、市村瓚次郎、矢野仁一等の東アジア研究者や地域研究者たちであった。若き日の今西錦司や梅棹忠夫も白頭山探検、ポナペ島調査、内蒙古等で探検調査を行っている（浦野 2018:156-161; 207-208; 三木 2010:28-30）。

2．アメリカにおける日本研究

　戦前の欧米、特にアメリカにおける日本への学術的関心は概して低く、日本が研究の対象として注目を受けるようになったのは、第一次世界大戦後、特に1925年に太平洋問題調査会（Institute of Pacific Relations）が設立されて以降のことである。当時アメリカで日本語を用いて日本研究ができる研究者は限られており、1930年当時は東部のハーバード大学やコロンビア大学が比較的多数の日本研究者を擁していたという（中生2014:22）。またこの頃、シカゴ大学で学んだ文化人類学者エンブリーが、日本の農村を紹介した記念碑的な著作『須恵村（Suye Mura: A Japanese Village)』（エンブリー 2005）を著しており、後にミシガン大学日本研究所初代所長となった地理学者のロバート（R.B.）・ホールが佐渡や大和盆地、東海道等、日本における実地調査をもとにした著作や論文を発表するなど、少数ながらフィールドワークに基づく研究も存在していた（石田 1985b:41; Bedford 1980:26）。

第3節　戦後の「地域研究」と総合村落調査の隆盛

1．戦後アメリカの「地域研究」

　第二次世界大戦後、特に1940年代から1950年代にかけて、アメリカの高等教育機関で生まれた学際的な総合地域研究（Area Studies）が盛んになり、大きな成果を収めた。日本においても地域研究を主導し、日本人研究者にフィールド調査等の技術を伝えることとなったのは、主にアメリカ人の研究者、特に地理学や人類学者であった。

　もっとも、これらの日本研究者の多くは戦争中に日本語要員として教

育され、アメリカ陸海軍や政府の戦時情報局（Office of War Information: OWI）や戦略事務局（Office of Strategic Service: OSS）、戦後はGHQに関わっていた。代表的なのはOWIで戦時捕虜の尋問記録等をもとに日本人の行動様式を論じた報告書（後に『菊と刀』となる）を著した人類学者のルース・ベネディクトであるが、『須恵村』のエンブリーも1944－45年にかけて、OSSの下でサイパンとテニアンの日本人収容所で調査を行い、日本降伏後の占領政策についてのレポートを出している（中生2014:22-23;27）。戦時ならびにその後の冷戦体制の下で、地域研究そのものが、世界中に勢力圏を拡大したアメリカが専門家を通じて「他者」である異文化社会を理解し、統御するという戦略的な目的を持たされていたのである（酒井 2018:29-34; Zhong 2015:117）。

　戦後もGHQ民間情報教育局は1946年頃から、多数の日本人研究者とともに日本社会の基礎構造、あるいは農地改革等の戦後改革の効果を知るために農山漁村調査を行っていた（中生 2006）。戦時中の陸軍日本語学校の流れを汲み、1947年に設立されたミシガン大学日本研究所による農山漁村調査も、基本的にはその流れに沿ったものであった（下山 2014:4-5）。

　この時期に日本側でも、様々な研究分野の協働による大規模な地域研究が各地で実施された。それには戦前の大興安嶺や内蒙古調査から転換して、奈良県の平野村の調査を行った今西錦司のように、海外調査地を失った代替という一面もあった。しかし今西にしても少なくとも当時はエンブリーの『須恵村』に依拠し、特定の村落を研究するインテンシブ・スタディー、そして長期にわたる村のライフ・ヒストリーを志向していた（今西 1952）。1950-51年に実施された八（のち九）学会連合対馬調査（会長：渋沢敬三）に代表されるように、当時は日本の学術界でもアメリカの地域研究の流れを受けた総合地域調査に、新たな学問としての期待が寄せられていた時代であった。その端的な例が、1950年2月に瀬戸内

海総合研究会の設立総会での講演で渋沢が述べた次の言葉である。

　　　（筆者注：ミシガン大学の研究者が日本研究に従事することに対し
　　て）ここにわれわれの期待するものは、アメリカの学問の方法論で
　　あります。・・・人文科学、そのなかでも社会人類学的な方面におき
　　ますアメリカの学問の動向、やり方というものは、大分に進歩した、
　　また非常にくわしいもので、いろいろな点で学ぶべきところが多い
　　のであります。そういう点を上手にうけ入れられまして、そしてこ
　　の"総合"という字を私非常に尊ぶのでありますが、ぜひその総合の
　　実をあげていただきたいということをお願いする次第であります。・・・
　　今般、ミシガンの先生方が来られて、アメリカの総合の方法論とい
　　うようなものが、きわめて端的に日本に輸入されるわけであります。
　　（渋沢 1982:2-3）

　更にミシガン大学との協働で岡山側の中心人物であった岡山大学の谷
口澄夫助教授はそれを「地方との深き連関をもつ新制大学の学問的使命」
と捉えており、当時の日本側研究者にとっても総合村落研究が学術的な
意味を持つものと感じられていたことがわかる（谷口 1982:15）。

２．ミシガン大学日本研究所岡山分室(Okayama Field Station)

　1947年にミシガン大学日本研究所の初代所長となったR.B.ホール（図
2-1）は、上述した通り戦前からの日本研究者であり、戦時中は米政府の
戦略事務局（Office of Strategic Services）でも勤務するなど軍部との関係
も強かった。彼はカーネギー財団の資金助成を得て、日本国内の分室（フ
ィールドステーション）設置候補地を調査し、GHQとも折衝の上で1949
年にはGHQ最高司令官であったダグラス・マッカーサーより岡山に分
室を開設する許可を得た。その際に岡山を選ぶ決め手となったのは、岡
山が日本文明の揺籃の地である瀬戸内海地方（Inland Sea Region）に属し、

図2-1 R.B. ホール ミシガン大学
日本研究所初代所長
出所：ともにミシガン大学日本研
究所ウェブサイト

図2-2 GHQ マッカーサー元帥から
ホール宛書簡

かつ大都市ではなく、古くからの文化・社会を残す「平均的な日本の姿」
を示す地であったこと、また岡山県・岡山市の全面的なバックアップを
得られることであった（中生 2014:30）。マッカーサーはホールにあてた
手紙の中で、「本計画によって学術界だけでなく、我が国民がよりよく日
本を理解するのに資する価値を持つ知見が生み出されるであろう」と期
待を示していた（図2-2、マッカーサーよりホール宛1949年6月5日付書簡、
筆者訳）。

　1950年4月に岡山分室が開設されると、ミシガン大学の様々な専門の
研究者（地理（R.B. ホール）、人類学（R.K. ビアズレー、M. ティティエ
フ）、政治学（R.E. ウォード）、歴史学（J.W. ホール）等）や大学院生が
家族同伴で到着し、それぞれに農山漁村調査を実施していった。一つの
村を日本文化の「縮図」（microcosm）であるとするR.B. ホールの考えに
基づき、新池・馬繁・高島・来栖といった農山漁村で村落研究（village

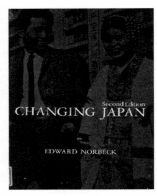

図2-3 Village Japanその他の関係者による著作　青尾撮影

study）を行った。その最大の学術的な成果が岡山近郊の農村であった新池についてのVillage Japanである（図2-3、Beardsley et al. 1959）。

　ミシガン大学グループによる調査研究の特色としては、以下のような点があげられる。
　　i）人文・社会科学的関心が強い中で、専門分野を超えた学際的（Interdisciplinary）なアプローチ
　　ii）総合的知識と理解のために、集めた情報をカードによって整理し、研究者間で共有と分析を行う手法
　　iii）特定地域におけるフィールドワークと住民からの聞き取り、およびそのための語学訓練の重視
　　iv）研究と大学院教育プログラムとの統合（谷口 2014:46; ホール 1952; Bedford 1980:28）
　そのようなアプローチによって地道な村落調査を行っていく過程で、ミシガン大グループの研究者（とその家族）は調査地の住民と生活をともにし、強い信頼関係を築いていった（Tonomura 2014:59）。その結果として、ミシガン大グループの日本社会を見る眼は、戦勝国の驕りや自文化

中心主義の偏りを感じさせない、透明度の高い見方となった。Village Japan執筆の中心人物であった人類学者のR.K.ビアズレーは、新池や対馬での村落調査をもとに、R.ベネディクトの『菊と刀』を「無意識の中にアメリカ人の先入観を働かせ、アメリカをモデルとした日本の社会像を刻み上げようとしている事に基く」と批判した（ビアズレー 1953:90）。また日本社会の変化について、それを占領軍の影響下の戦後改革によるものだけでなく、明治以降の近代化の蓄積によるものと見た（Beardsley 他 1959:478）。そうした見方は初代所長であったR.B.ホールの、他地域研究を欧米中心の観点からのものでなく、他者の持つ願望・伝統・動機を理解するものでなければならないとする、強い信念に支えられたものであった（谷口 2014:38）。

第4節　時代の中の大地区研究

1．瀬戸内海総合研究会と大地区調査

　こうしたミシガン大学の活動に対して、岡山では官民あげての協力態勢をとった。日本側の学術的なカウンターパートとなったのが、1949年に発足した、当時の西岡県知事を会長とし、新設された岡山大学の研究者を中心とする瀬戸内海総合研究会であった。山村としての大地区の調査は、ミシガン大学への協力と並行して実施された、瀬戸内海総合研究会独自による農山漁村総合調査3か所（他は邑久郡笠加村北池（農村）・児島市下津井田ノ浦（漁村））の最後のものであった。

　先に行われた2村調査の結果として、谷口によれば「総合的なケース・スタディにかなり習熟し得た」岡山大学の谷口澄夫、藤井駿、喜多村俊夫らは「純粋な山村」を求めて、1951年12月から翌2月にかけて県内各

図2-4 1950年代初頭の大地区風景　出所:『山村の生活』

地を探訪した。なかなか条件に合った村が見つからず悩んだ末に、当時
の富村長であり郷土史に造詣の深い山﨑節治氏、大地区の出身である富
村助役小川照氏の案内で大地区を訪れたのは1952年2月のことであった。
富村役場から7キロの雪道を両氏とともに歩いて行った谷口は、当時の様
子をこう記している。当時の大地区の光景が浮かんでくる描写で、谷口
の喜びと興奮が伝わってくる（図2-4）。

　　山かい（原文ママ）を行くこと二時間足らずで大部落に入った。深
　く谷を刻んで流れている川（旭川上流の一支流余川）の両側は文字
　通りの山また山で、いくらか開けた両岸に大部落は上、中、下の三
　つに分れて点在し、バスも通わぬ此の渓谷部落の孤立性はいかにも
　高いようである。水田もかなり拓けているが山林生産に相当の比重
　がかけられているらしく、散見する焼畑には三椏（ミツマタ）のま
　だ固いつぼみが美しく並んでいた（谷口 1952:41）。

　谷口らは早速現地で聞き取り調査を行い、必要な資料や村人の協力も
得られることがわかったため、大地区を山村総合調査の対象として選ん

だ。

　当時富村の一部であった大地区調査に入った研究者は、谷口らを中心とした岡山大学の医学（緒方益雄・大田原一祥・根岸博・今川与曹・遠藤中節・田部浩各教授ら）、動物学（川口四郎教授ら）、地質学（大江二郎教授ら）、林学（畔柳鎮教授ら）、歴史学（谷口・藤井駿教授ら）、人文地理学（喜多村・石田・河野通博助教授ら）、農業経済学（福田稔助教授）、文化人類学（中島寿雄講師）、教育学（藤沢晋助教授ら）等各分野の研究者、それに他大学の研究者や高校教諭3名を含めた46名であった。調査団は1952年3月および5月と2回の合宿調査（それに加え医学班が8－9月に調査）、それに個人調査によってなされ、補足調査を加えると調査員は延べ250人に及んだ（谷口 1955）。

2．日本人研究者にとって総合村落調査の持った意味

　こうした調査を実施する中で、ミシガン大学グループによる新たな研究から最も影響を受けたのは、谷口や石田らの若手研究者であった。谷口らはミシガン大学グループとの協働やミシガン大学日本研究所のあるアナーバーでの滞在を通じて、フィールドワーク等の調査手法を学び、自らもそこから新たな発見を生み出すようになっていく。例をあげれば石田は瀬戸内海総合研究会として調査した邑久郡笠加村北池で水田土質調査のため喜多村らと穴を掘ったことで、瀬戸内地域の水田開発に関する発見をなしえた。また大地区でも家系図作成等の基礎作業や、元禄以降の家族・財産の推移を調べるといった地道なフィールドワークから、山村社会の等質性についての理論を展開していった（石田 1982:8-13）。谷口も後日になって共同研究者であったJ.W.ホール教授の特定理論に偏しない実証的な研究姿勢、またカード・ファイル・システムを用いた情報の整理方法から多くを学んだと回想している（谷口 1981）。

とはいえ、岡山大学でミシガン大学との調査に参加した研究者の書いたものを見る限りでは、そうした新たな研究「手法」への関心に比べると、アメリカ側の持っていた問題意識である、日本の近代化のありようへの関心は薄かったように思われる。あるいはあったとしても『山村の生活』にも繰り返し登場する「停滞性」や「低迷せる社会意識」というような表現に窺われるように、当時の日本の社会で大きな位置を占めていた近代化・民主化を進めることをよしとする、限定された文脈の中で考えていた形跡が見られる。

　また大地区調査でも、数多くの分野の研究者が調査に入る中で、最終報告に至るまで専門領域ごとの調査を「全体としての統一にまで組み立てることは難事」であったことが谷口による振り返りでも語られるなど、ミシガン大学グループのような実質的な総合調査の実をあげることは難しかったことが窺われる（谷口 1955）。そうした限界が、地域研究の学問としての「流行り」が去った後で、岡山側の研究者がそこから離れていく契機になってしまったようにも思われる。

　また『山村の生活』にも大学の研究者による、時として「後進性」を強調するような、地域社会にとって酷とも思われる表現が散見される。さらに当時、人類学者や医学者等によって同族結婚が続いてきた集落の調査が全国各地で行われており、こうした優生学的関心も一部窺われる（坂野 2012:87）。こうした記述は当時の「大学の先生」が今日に比してもはるかに「偉かった」ことに加えて、大地区調査のよって立つ地域研究という知の枠組みそのものが、本来的に「地域の外」に位置しながら異文化を分析し、統治するという植民地主義的な性質をもっていた（酒井 2018:35-36）ことも影響しているように思える。

第5節　高度経済成長期以降

1.「日本の近代化」とは

　戦後の冷戦体制が激しさを増す中で、アメリカの極東研究の焦点は中国に移っていき、日本研究の優先度は下がっていった。その結果として民間財団等からの資金も細り、1955年にミシガン大学日本研究所分室も閉所されることとなる。しかしその後もJ.W.ホールやR.E.ウォード、R.K.ビアズレー等はアジア学会（Association for Asian Studies）の特別プロジェクトとして、フォード財団等の支援を受けて米・英等の日本研究者、更に永井道雄ら日本人研究者とともに1959年から1969年にかけて6回にわたる「近代日本研究会議」を開催し、その成果を6巻のStudies in the Modernization of Japan Seriesとして出版した。

　近代日本研究会議の最大の目的は「近代化」の定義と位置づけ、そして日本の近代化をどう評価するかであった。J.W.ホールは1960年に開催された「箱根会議」を議長として要約する中で、近代化の要素として以下の7点をあげた。①都市化の進展、②無生物エネルギーへの転換、商品流通とサービス機関の発達、③社会成員の空間的相互作用と経済・政治過程への広汎な参加、④識字率向上と非宗教的・科学的見地の発達、⑤浸透的なマスコミの存在、⑥政府・ビジネスの大規模化、官僚化、⑦国家による統合力の強化と国家間の関係（international relations）発達。もっとも会議参加者の間では、「近代化」の結果について、それを無条件に是とするのではなく、民主的価値でなく国家による社会の統制や侵略主義につながる可能性もあるとして、その両義性を強調する雰囲気が強かったという（Hall 1965:19; 29-30）。

　ミシガン大学グループの流れをくむ近代日本研究会議は結論として、日

本が西欧と異なる伝統的な価値観、行動様式や制度を持ちながら近代化に成功したことについて、農村等の伝統社会、更には江戸時代以前における封建制や教育・文化等の実証的な研究を通じて、非西欧的な日本の「特殊性」を近代化への障害でなく、貢献する要素として積極的に評価した（Bedford 1980:30-31; Hall 1965:37）。それは同時代に発表されたロストウ等の近代化論をも意識しながら、日本の近代化を他の発展途上国の近代化にも資する「教科書」となるべきものと位置付けたのである（戎田1966:80）。

2．国内の学術動向の変化

　一方岡山では、ミシガン大学日本研究所の分室閉鎖の後は総合村落調査の勢いも落ちていく。それには村落調査の中軸を担った喜多村（1952年、名古屋大学）や石田（1966年、広島大学）の岡山からの転出もあった。残る谷口も1952（昭和27年）ミシガン大学から来岡したJ.W. ホールと岡山藩政史の研究を開始したことをきっかけに、「藩政史料の本格的な分析を経ない農村史研究は、いずれは方法論的に行き詰るのではないかと予見していた折柄でもあって、自分の研究題目を（筆者注：近世農村社会構造の解明から）発展的に岡山藩政史に置換するに至」り（谷口1981:1）、それ以降は日本近世史学者としての道を歩んでいった。その後も岡山大学の教育学部、あるいは文学部地理学教室等で地域研究あるいはフィールドでの学生教育はそれぞれ続いた（野邊 2010; 2011等）が、戦後直後のような学際的な村落総合調査は長らく途絶えていたと言ってよい。

　日本全体でも社会の変貌や、学術研究を取り巻く状況の変化を反映し、総合的地域調査は下火になっていった。1955年の京大カラコラム・ヒンドゥークシ学術探検隊を皮切りに、1950年代以降アジア等における海外

調査が再開されると、フィールド調査の主な舞台は日本国内から海外に移っていった。また日本社会の急速な都市化や、兼業化などの農村社会の変質を反映し、1960年代から国内社会の研究も村落から都市中心に重点を移していった。研究分野ごとの細分化や手法の変化も進み、石田によれば地理学において1950年代後半以降で生じた「計量革命」により、フィールド調査に基づく地域研究が衰退していったという（石田 1985a:i-v）。更に1970年頃（昭和40年代半ば）には過疎や廃村に結び付けて、伝統的村落の変容や変貌に着目する研究が中心となる一方で、伝統的な村落の形態・構造・機能に着目する村落研究の数が減少し、また村落研究が農業（農村経済）、社会学、地理学、歴史学等のディシプリン別に分化・解体していった（青木 1989:12-16）。それは各分野における学問的深化と、それによる豊かな成果をもたらした一方で、異なる視点による共有と総合という観点は失われてしまったのである。

　戦後の総合地域研究の象徴的存在であった九学会連合調査も、その中心人物であった渋沢敬三の死（1963）後は勢いを失い、共同調査も1979年の奄美諸島調査を最後に行われなくなる。それは専門化が進み、異なる学術分野との対話や協働が困難になっていく状況の現れであったと言える（坂野 2012:16-164）。

第6節　現在、そしてこれから求められるもの —— その中の大地区再調査

1．SDGsと「複雑な課題」、それに対する新たな学術の必要

　日本社会は戦後復興から高度経済成長、そしてバブル経済とその崩壊後の「失われた20年」を経て、大きく変質した。また今日の世界では、人間の活動による気候変動や新型コロナウイルス（COVID-19）の流行等

の脅威を前にして、かつてのように近代化と自由経済による経済成長、そしてグローバル化が全ての問題を解決するという無邪気な前提は崩れつつある。人類社会、そして地球そのものが気候変動や拡大する格差によって立ち行かなくなるという危機感によって、2015年9月に国連で開催されたサミットの中で国際社会共通の目標であるSustainable Development Goals（持続可能な開発目標：SDGs）が制定された。その前提となっているのは環境と社会、そして経済がそれぞれ独立してあるのではなく連関しており、それら全てが将来世代にわたって維持される必要があるという認識である。

　高度に複雑で、かつ相互に結び付いている数々の課題に対応するためには、その裏付けとなる科学と学問についても、一つの研究分野を通して見るのだけでなく、統合された新たな知識を生み出すことが求められるようになっている。国際科学会議（ICSU）のグレーザーとハックマンはこれを「SDGsでは、自然科学や社会科学、保健科学や人文科学、経済学、工学といった科学の全ての分野にまたがる統合研究（integrated research）の取り組みを強化する必要性」があると説く。あわせて、そうした学際的な科学が、政策担当者や立案者、実践者、市民社会や企業他の関係者とともに解決志向の知識を共にデザインし、共に創りだすこと、更にその知識を活用する国際的な協力の強化が求められると説明している（Glaser and Hackmann 2018:32-33）。そこに提示されるのは細分化され、分断された学術のありようとは全く異なる、研究分野間でも、社会にも、そして国際的にも「開かれた」科学と学術の姿である。

2．研究の性質の変化

　グレーザーやハックマンの説く、多様なステイクホルダーと「共に創る」新たな学術の姿は、裏返しで言えば、かつてのような政府、植民地

支配者や占領軍による「支配」のための学術研究が、植民地批判等の言説を経て、いかなる意味でも正当性や倫理性を失っていることの現れでもある。

　また、この70年間の間の研究倫理や個人情報保護の発達、また情報技術の発展による知を生み出す仕組みの拡散により、「大学の先生」や「学術調査」といった特権的な権威を背景とした、地域住民を「対象」と見なす「上からの」研究も、もはや成立しえなくなっている。宮本常一によれば、戦後の村落調査の際には、土地の古老が答えられないのに「そんなはずはない、こうだろう」と問い詰めるような聞き方をして相手を傷つけた学者がいたり、地域の資料を借りて返さなかったりという「調査地被害」も多かったという（坂野 2012:43;94-95、宮本・安渓 2008:18）。そこまでいかずとも、九学会連合調査の能登調査の際に見られた過度な「古い要素」への着目と、一方で「開発」への示唆を求める地域とのずれなど、研究者側と地域住民との間で求めるものが違うことは、今でも往々にして存在するように思われる（坂野 2012:76-82）。それに代わる研究として、どのような形がありうるのか、考えていく必要があろう。

3．新たな日本研究の可能性

　第2次世界大戦中・戦後の「敵」としての日本研究から始まって、国内外における日本研究の焦点は時代に沿ってその形を変えてきた。1980年代には日本の経済力を背景にして、エズラ・ヴォーゲルの『ジャパン・アズ・ナンバーワン』（Vogel 1979）のような日本企業や経営を対象とする、「アジアの中の例外」「肯定的特殊性」としての日本研究や日本文化研究が盛んになった（成田 2017:21）。しかし日本のバブル経済崩壊と長きにわたる停滞の間に、東・東南アジア諸国も経済成長をとげ、その結果として、今日の日本はアジアの中の「例外」であるより、その一部、そ

して近代化や経済成長のみならず、高齢化や「経済成長後」の社会課題も含めた、正負両面を含めた「先頭走者」としての位置に立ち戻りつつある（落合2017）。

　一方でアジア研究の中心は日本から中国等に移っており、2000年代以降の日本研究はアニメやマンガといったポピュラー・カルチャーを対象としたものが比重を増している。それは日本社会の総合的理解といったことから距離のある、あるいは最初からそれを目的としない、作品論的な関心に規定される「狭さ」が特色の一つとなっている（谷川2017:107-113）。

　こうした状況に対して、国際日本文化研究センターの所長であった小松和彦は「旧態依然たる」分野ごとの日本研究では日本文化を総体として捉える視点が欠け、また海外からの眼差しを踏まえた研究がないがしろにされてきたと指摘する。その上で今後は国際的視野からの日本研究のため「学際的・総合的・国際的な共同研究」を進める必要があると主張する（小松2018:ii）。

　またコーネル大学の酒井直樹は地域研究の今日的な可能性として、多様で相互に理解不可能な地域を「翻訳」することにより互いから学び、その断絶を克服することだと述べている（酒井2018:39-40）。ナルシスティックな「日本すごい論」のような「日本文化特殊論」を超え、日本社会の内から、異なるコンテクストを持つ世界に貢献できる部分を抽出し、共有することが求められているのだと言える。

４．70年前の調査からあらためて学べるもの

　新しい学術や日本研究を考える上で、戦後間もなくの「徒花」であったようにも思える総合村落調査から学びうるものは、決して少なくないように思える。

石田寛によれば、ミシガン大学日本研究所岡山分室第6代室長であった
J.W.ホールは「研究者は腹蔵なく村人の声をきき、調査研究するために
来たのであって批判しに来たのではないという態度を堅持した」という
（石田 1980:48）。また石田自身、その根底に一貫して、かつてミシガン
大学グループと共同で行った地域研究の手法、すなわち「標本調査村落
における徹底したインテンシブな調査と、それに基づく対象地域につい
ての独自な仮説設定＝モデル化＝理論の構築」があったと周囲からは見
られていた（藤原・高重 1982）。それは予め用意した方策や結論を持っ
て地域を訪れ、それに合ったデータを得ようとするような姿勢とは全く
異なるものであった。

　更に当時の地域調査を行った人たちの中には、地域を単なる情報源と
見ず、地域が何ができるかという想いを持ち、地域と関わり続けた人物
も多くいた。ミシガン大学時代に新池で調査を行ったR.B.ホールは後日、
アジア財団駐日代表となった後で、同地に農業近代化のため機械を支援
した。同じくミシガン大学グループのビアズリー、ノーベック、コーネ
ルは、その後も新池や高島、馬繋に通い追跡調査を続けた（下山 2014:7-
8;『不易流行』編集委員会 2001:52）。また対馬九学会調査の中心人物で
あった渋沢敬三は、調査の成果を語る座談会の中で、以下のように述べ
た。

　　　　向う（筆者注：地域）から資料をとって来る大切なことで、学問
　　　のために皆の勉強になるんでありますが、向うに何が与えられるか
　　　という問題が、一応まあ頭のすみにでもある方がいいのじゃないか
　　　という感じもしたのであります（坂野2012:46）。

　実際に渋沢や宮本常一は調査地の漁民が水産庁に陳情に来た際に世話
をしたり、対馬の無灯部落解消のための融資のあっせんを行うなどした
（宮本・安渓 2008:14）。また宮本はその後も継続的に対馬を訪れるとと
もに、離島振興に長く関わることになる。こうした動きの背景には、戦

後直後におけるアメリカの隔絶した経済力や渋沢の地位といった要素もあったとはいえ、見習うべきは地域の困難を知り、そこに関わり続けようとする彼らの姿勢のように思われる。

『山村の生活』にも、「調査研究はそれ自体、発展と安定への路を見出すことを目標とせずしては無意味なものであり、我々の調査も絶えずそのことを念頭において実施されたものであることに変りない」（p.287）という言葉がある。そこには当時の研究者の（一歩間違うと押し付けになる危険もあるにせよ）地域に関わりつつ、戦後の新しい社会を作ろうという理想のきらめきのようなものが感じられる。

その後地域研究から離れ、日本近世史の研究者としてのキャリアを歩んだかに見えた谷口も、後年になって意外な姿を現す。1970年代に瀬戸内海の工業化によって環境汚染が進むと、岡山大学学長となっていた谷口は中四国の国立大学の専門家による「瀬戸内海環境改善の基礎的研究」グループを組織し、その総括代表者として「方向づけと統合への努力」に務めた（中国・四国地区国立大学共同研究グループ 1975）。谷口はその報告書である『瀬戸内海——その環境と汚染』の中で環境汚染に強い危機感を示すとともに、「如何に公害を防止するかと云うことが地域研究者に課せられた責務である」と述べている（谷口・妹尾 1975）。そこには総合地域研究を「新制大学の学問的使命」であると宣言した若き日の谷口の姿が重なって見えるようにも思える。

5．大地区再調査の意味

上記のような新しい形の学術研究や、国際的な意味を持つ日本研究を行っていくのに際して、総合的な視点を持ち、日本社会・経済やグローバルな構造の中に地域を位置づけていく村落調査は大きな可能性を秘めている。今回の大地区再調査も、岡山県北の一地域という限られた場で

図2-5 人や地域の「ウェルビーイング」の概念図　筆者作成

はあるが、それを70年という日本社会の時間軸、そして日本や世界全体から見直し、発信する試みである。「近代化」が日本社会にもたらした変容や意味は何だったのかを一山村の視点から再現し、更に現状の大地区の姿を示し、そこに住む人たちの営為や想いを描き出すことにより、高齢化が進む人や地域の「ウェルビーイング」のありようへの示唆を得ることが目的である（図2-4）。

　それを行う手法として、今日あらためて異なる専門分野の研究者が情報を共有し、互いの視点を交える「総合」調査を行うことで、地域全体としての姿を浮かび上がらせることができるものと期待される。

　また今回の再調査の中では、そういった地域の今後に何が求められるかを、地域の方々と一緒に考えていければと思う。今回、大地区の再調査のために住人と話していく中でも、古老の1人から「調査のための調査ならしないでほしい。この村がこの先どうやって生きていけるのかを一緒に考えてほしい」という発言があった。この方はこれまで地域の歴史や文化について調べ、多くの研究者の調査にも協力してきたが、その内容について「研究としては立派だが、村の役には立たない」と言い切ら

れた。

　この発言は、大地区再調査の研究者グループにとって大きな宿題として調査期間を通じてのしかかってくることとなった。限られた人数の研究者による断続的な調査で、村や地域に対する処方箋を書くことができるのか？　それが『山村の生活』に見られるような「外部の研究者」による断定や、「こうすべき」という提案がその後の破綻につながることはないのか？　その迷いを常に感じながら調査を続けていった。

　大地区再調査は、そのために各研究者が調査・分析だけでなく、「提言」も入れられる限りで入れようとしている。それは地域の方々が求める解決策には程遠いかも知れない。しかし少なくとも、地域や住民を「対象」として見る研究（on village）から、「村のために」（for village）、あるいは「村人と一緒に考える」研究（with village）に踏み出そうという努力と捉えて頂ければ幸いである。

　最後に、大地区の姿を示すことにより、日本の地方を含めた社会が、近代化や少子・高齢化の果てにどこにたどりつくことができるのか—それが経済成長の勢いも途絶え、人や地域の活力も失った荒廃した社会なのか、あるいは別の価値を軸として成り立つ「豊かな社会」となりうるのか、それを現すことが今回の再調査の大きな目的である。それは、「課題先進国」である日本から発信しうる新たな日本研究の一つのありようであろう。注意すべきは、その発信が世界に向けてなされるとしても、聞き手としての「世界」として欧米だけではなく、近隣のアジア諸国こそが最も関心を持つ聞き手とし存在していることである。そうした聞き手に対して、日本社会を語っていく作業は、日本から世界やアジアに向けて開かれた共有であるのに留まらず、逆に世界やアジアの中に現在の日本を位置づけていく試みともなると考える。

注
1) Bedford (1980:27) は、このもととなったアメリカ国内の地域研究 regional studies が1929年以降の大恐慌の中、学者の失業を防ぐために行われたと指摘している。
2) 石田寛は岡山を訪れたアメリカ人大学院生（地理学者のJ.D.エアー）が、戦時中に自分と同じく敵軍の暗号解読に従事していたと知って驚いたとする記述がある（石田 1985b:43）
3) 実際に今西だけでなく、石田寛や福武直など多くの村落研究者はその後海外調査に手を広げていった（石田1982; 斎藤 2014）。
4) 1950年は人類学会・民族学協会・民俗学会・社会学会・考古学会・言語学会・宗教学会の8団体、1951年に心理学会が加わった。この調査にはミシガン大学のビアズレーとノーベックも参加している。とはいえこの調査も日韓の国境設定をめぐる軋轢の中で「対馬は日本の一部」と学術的に示す役割もあり、当時の外交・政治から独立したものとはなりえなかった（坂野 2012:14;28; 48-49）。
5) カーネギー財団からは日本研究所に対して12万5000ドル、追加で岡山分室の活動に5万ドルの助成を受けた。この資金が得られなかったことが1955年に岡山分室を閉鎖することになった主要な原因と考えられている（Tonomura 2014:58）。
6) 谷口らが山村調査地の条件として考えたのは①主要な生産が山林関係もしくは切畑・焼畑関係のものであること、②村方史料等の歴史的な資料が残っていること、③他地区から隔たっているが孤立しておらず、都市的な影響をほとんど受けていないことの3点であった。この条件にあった谷口らにその求める条件に適した大を含めた数村落を提示したのは、調査団にも加わった落合高校の三浦秀宥教諭であった（谷口 1952:39-41）。
7) ミシガン大学グループが滞日した時期も朝鮮戦争と同時期であり、若い研究者やその家族は米軍の召集を受けることを心配していた（Tonomura 2014）。

第3章　山村におけるローカルな産業による付加価値創出の可能性
——岡山県鏡野町旧富村大地区を対象として

駄田井　久

第1節　はじめに

　1980年代以降、過疎・高齢化が深化する中山間地域における様々な課題が議論され、多くの施策が講じられてきた。1990年代から人口の50%以上が65歳以上、農業用水や森林・道路等のインフラ維持管理、冠婚葬祭などの共同生活を維持することが限界に近づきつつある集落である限界集落の増加が社会的な課題となっている。この様に、中山間地域の人口減少・高齢化はより深刻な状況であり中山間地域集落の構造が大きく変化している。小田切・坂本（2004）は、山口県内の中山間地域の事例調査に基づいて、1970年代以降に発生した壮年人口の流出による「人の空洞化」と農地面積の縮小である「土地の空洞化」が、1990年代以降の「ムラの空洞化」を引き起こし、限界集落発生を引き起こしたと指摘している。また、2015年の農林業センサスを分析した橋詰（2020）では、1）農村部での人口減少・高齢化は、都市部より早い段階で進行しており、趨勢で推移すれば山間地域がより一層深刻な状況になる、2）人口減少によって、農村部（特に、山間地域）での農業集落が縮小し続けている、3）小規模集落ほど集落の機能や活動が低下する傾向、があることを指摘している。また、「維持・存続が危ぶまれる集落で顕在化している人口減少、高齢化、独居世帯の増加等は、今後は大都市圏等の都市部においても大きな社会問題となることが予測される（国土交通省、2008）」とされる。

この様な危機的な状況にある中山間地域においては、国土交通省（2008）では、1）住民が主体となった広域的な対応による集落（コミュニティ）再編の必要性、2）外部との連携・人材確保に向けた地域をマネジメントする新しい仕組みの必要性、3）行政の地域性・住民性への丁寧な配慮、の3点が必要であり、これらを実現するためには、地域資源の発掘・有効活用による地域産業の育成・進行が重要であると指摘している。

　小田切・坂本（2004）の指摘した「ムラの空洞化」を抑制するためには、まず地域内での最低限の人口を維持し地域資源を管理することが重要である。ローカルな産業が地域資源を活用して付加価値を創出し、地域内で小さな経済を維持することが求められると考えられる。中国地方の中山間地域では、1970年代の高度経済成長期以降、人口の流出が進行しているが、現在でも地域社会が維持されている。この様な地域における社会・産業構造の推移を知ることは、これからの地域資源管理の在り方に対するヒントがあると考えられる。

　本論では、岡山県鏡野町旧富村大地区を対象として、1）国勢調査・経済センサス・農林業センサスのデータに基づき2005年以降の対象地域の産業構造の整理、2）インタビュー調査による地域内産業の推移と地域資源活用した産業の実態把握、を行い、ローカルな産業による付加価値の創出の可能性を検討する。なお、本論で扱う付加価値とは、「人間の生産活動により新たに生産された価値」であり、「賃金などの人間の労働に対する報酬と企業や事業者などのマネジメント能力に対する報酬」といった形で地域内のとどまっている価値である。

第2節　岡山県鏡野町旧富村大地区の産業構造

　鏡野町、旧富村、大地区とも、2005年から2015年にかけ世帯数、人口共に減少傾向にある。2015年は2005年と比較して、鏡野町全体では、世帯数・人口とも同様に約10％減であった。一方で、旧富村は世帯数15％減、人口20％減、大地区は、世帯数10％減、人口27％減となっており人口減少の方が世帯数減少よりも大きくなっていた。特に、旧富村・および大地区では、2010年から2015年までの5年間での減少が大きくなっている（表1）。

　2005年以降、鏡野町全体では総就業数は微減であるが、旧富村と大地区では大きく減少している。富村では、2005年から2010年の5年間に総就業者数・農林業就業者数ともに大きく減少している。一方で、大地区では、2005年以降就業者総数は大きく減少しているが、農林業の就業者数減少は小さくなっている（表2）。この様に旧富村および大地区では、1）2000年以降でも農林業が地域内主産業であり、2）他産業の従事者数の減少と比較すると農林業従事者数の減少は小さい、ことが示唆された。

　農林業センサスのデータを用いて旧富村と大地区の農林業経営体の推移を整理した（表3）。産業別就業者人口の推移と同様に、2005年から2010年の5年間で農業経営体・林業経営体ともに大きく減少している。2010年以降の減少幅は減少しているが、2005年と比較すると2020年の農業経営体数は、45〜55％と半数程度に減少している。わずか15年間で、富村・大地区の主産業である農業・林業の経営体減少が大きく減少していることは、農地・林地の管理のみならず、地域社会全体の問題である。

表1　人口と世帯の推移

		2005年	2010年	2015年	15年/05年
鏡野町	世帯数	4664	4709	4647	91%
	人口	14059	13580	12847	91%
旧富村	世帯数	284	272	245	86%
	人口	771	704	614	80%
大地区	世帯数	30	29	27	90%
	人口	86	74	63	73%

資料：地域の農業を見て・知って・活かすDB（国勢調査）

表2　産業別就業者数の推移

		2005年	2010年	2015年
鏡野町	総数	6381	6283	6289
	農林業	1189	1069	1036
旧富村	総数	381	319	294
	農林業	105	83	81
大地区	総数	43	35	28
	農林業	12	12	10

資料：地域の農業を見て・知って・活かすDB（経済センサス）

表3　農林業経営体の推移

		2005年	2010年	2015年	2020年	20年/05年
旧富村	農林業経営体	158	120	112	101	64%
	農業経営体	124	106	98	78	63%
	林業経営体	104	65	65	60	58%
大地区	農林業経営体	22	15	13	13	59%
	農業経営体	15	13	12	9	60%
	林業経営体	20	9	9	9	45%

資料：地域の農業を見て・知って・活かすDB（農林業センサス）

第3節　岡山県鏡野町旧富村の産業構造の推移

　前節では、統計データに基づいて2000年代以降の旧富村および大地区の産業構造を整理してきた。本節では、旧富村住民を対象とした実施したインタビュー調査に基づいて、第２次世界大戦後の旧富村の産業（林業・農業）の推移をまとめた。インタビューは2019年9月24日の鏡野町富振興センターにおいて、A氏（男性、79歳）とB氏（男性、63歳）と鏡野町役場の関係者2名に対して実施した（年齢は、2019年当時）。A氏は、旧富村出身、畜産農家を営む山林所有者（山主、林業家）であり岡山県農業士を長年務めていた。B氏は、旧富村内出身、作州かがみの森林組合に勤務しながら、水田経営を行う兼業農家である。

　旧富村の産業推移は、1）戦後〜高度経済成長期の薪炭業、2）1970年代〜1990年代のシイタケ・繁殖牛飼育の様な農林業、3）1990年代以降の林業と村外への通勤勤務、の3段階に整理される。本節では、1）戦後〜高度経済成長期の薪炭業と3）1990年代以降の林業、の概要を整理する。

１．戦後の旧富村の産業推移

　第２次世界大戦終了から1970年代初頭まで旧富村の主産業は薪炭業であった。高度経済成長期以降、薪炭用の混交広葉樹から杉・ヒノキといった材木用の針葉樹に植林が行われ、旧富村内の森林植生が変化していった。岡山県内の初めて1965年に林業構造改善事業が導入され、山中の林道や生産施設の整備が行われた。

　1970年代から、シイタケ栽培と和牛の繁殖牛飼育が始まった。シイタケに関しては、A氏の尽力により岡山県椎茸生産組合協議会を立ち上げ、

シイタケ栽培を岡山県内への普及活動を行った。1980年代初頭まで、生シイタケと乾燥シイタケの両方を生産していた。生シイタケは、雨除けハウスを用いて高品質なシイタケであり、市場価格が高い京都市場に出荷していた。1970年代初頭に国内でも先駆けて旧富村内にシイタケ乾燥施設を導入して、品質の良い乾燥シイタケの大量生産を行っていた。しかし、オイルショックによる原油高により、シイタケ乾燥ボイラーに用いる重油等価格高騰の影響を受けて、急激に衰退した。また、生シイタケも中国からの輸入増加により、衰退していった。和牛繁殖農家は、最盛期の1975年ごろには、旧富村内に約70戸あったが、子牛価格下落や経営主の高齢化などで、2019年時点は8戸で飼育頭数約50頭になっている。1970年代中頃に、村内に縫製工場が進出してきて、主に女性の勤務先になったが、工場は1990年代後半に撤退している。1985年頃から、高度経済成長期に植林された針葉樹の間伐・伐採などが始まっている。1960年代半ばから、村内から高校進学が一般的になり、1990年代以降は大学進学が多くなってきた。

　1990年代後半に、旧富村内の道路が整備され、津山市内へのアクセスが非常に良くなった。2000年以降では、真庭市や津山市などの近隣市町村への通勤する仕事が主になっている。村内での仕事は、林業関係以外は、役場・JAなどに限られている。

2. 戦後～高度経済成長期の薪炭業の概要

　山主が所有する山林の樹木を、薪炭への加工を村内の炭焼き職人に委託し、職人が伐採・炭焼き・山からの搬出を行う。村内の炭取引場で、農協・森林組合・個人の地元問屋が買取、村外に販売されていった。旧富村の炭は、家庭用の燃料として全国に、また長野県の養蚕業での冬季暖房として利用されていた。他地域とは異なり、旧富村では、年間を通し

て炭焼き作業が行われていた。当時は、炭焼き職人が村内で最も給料が高い仕事であり、村内の公務員の約3倍の給料を得ていた。また、この時期は村内の男性は「炭焼きができるようになってから一人前」とされていた。旧富村での主産業であるために、炭の品質検査員や炭を専門に扱う部署が役場・農協内に存在していた。山林を有する山主が地域資源である広葉樹を炭の原材料として提供、この地域資源を炭職人らの村内の労資源で炭としての商品加工、旧富村外への販売、といったフローで、薪炭業は成立していた。この様に、旧富村内の地域内資源である木材に付加価値をつけて最終製品である炭にまで加工し、村外に販売することで、村外から旧富村内への付加価値の流入が存在していた。

炭の材料には、ナラ・コナラが用いられ、伐採→炭→広葉樹植林→伐採→炭を約15年サイクルで行われていた。1950年代後半までは、この様に炭の材料として伐採後に、次期の炭の材料としての広葉樹が植林されていた。高度経済成長期である1960年代以降からは、国内の木材需要の高まりに応じて炭焼き用に伐採したナラ・コナラなどの広葉樹の後にスギ・ヒノキなどの針葉樹の植林が行われるようになった。この植林する樹種の変化は、山林を有する山主が決定していた。樹種の変化と国内の炭需要が減少していき、旧富村内の炭産業は衰退していくことになる。

3．1990年代以降の林業に関して

高度経済成長期に植林された針葉樹が1980年代後半から、間伐・伐採の時期となり旧富村内の林業の基盤が成立された。2019年時点で、林業の仕事請け負う職人集団（山仕事グループ、素材生産者、伐出業者）が4グループ存在している。この山仕事グループには、昔の炭焼き職人だった者が多く所属している。A氏自身も、炭焼き職人を経てからこの山仕事グループの代表を務めていたが、高齢のために数年前にリタイアして

いる。旧富村内の森林の管理は、これらの山仕事グループと作州かがみの森林組合とが引き受けている。山仕事グループの多くはＡ氏と同年代の高齢者が多いが、高校を卒業した若者が代表しているグループが数年前にできた。山仕事グループは5〜6人で一つのチームを構成しており、山主からの依頼を受けて間伐・伐採作業と植林を行っている。高度経済成長期に植林された多く、旧富村内では2010年以降、間伐・伐採の適期を迎えている。そのために、山主からの依頼が非常に多く、森林組合では、2年先まで作業予定がある状態である。Ａ氏によると、旧富村の山林面積を考慮すると、山仕事グループが3つあれば旧富村内の山林は全て管理できるであろう、とのことであった。

　現在、旧富村の林業では、伐採された木は、真庭市内の原木市場で取り引きされるものが大半であり、村内で製品まで加工されることは少ない。そのために、付加価値の創出は、森林内作業のみである。高度経済成長期前の炭産業と比較すると、その付加価値創出は小さくなっていると考えられる。

第4節　地域資源を活用した付加価値創出　大地区森江製材所を事例として

　本節では、富村大地区内にある森江製材所を事例として、地域資源を活用した付加価値創出方法を整理する。2019年9月に森江製材所の代表者澤山静子氏（女性、60代）に対して行ったインタビュー調査に基に、地域資源の流れなどを考察していく。

1．森江製材所の歴史

　森江製材所は大地区内で創立された最初の製材所であり、その製材機

械の動力には電力やエンジンでなく、現在でも水力を用いているのが特徴である（図3-1；図3-2）。

　平松（2022）によると、江戸末期から明治時代初期に官営による製材所が多く設立され、岡山県内でも1900年代初頭に多くの製材所が設立されてきた。1916年時点で、全国に約2400の製材所があり、約半数の1091の製材所では水力を動力としていた。なお、岡山県内では101の製材所のうち水力動力の製材所はわずか7か所であった（平松2022）。赤田（2019）は、「水動力を活用した製材所は、かつては林業・製材業の盛んな地域の川筋に少なからず存在したが、現在はほとんど姿を消している」としており、森江製材所は、全国的にも非常に貴重な存在であると考えられる。

　森江製材所は、澤山静子氏の祖父が1926年に操業を開始した。1代目（澤山静子氏の祖父）は、出征時に、旧満州地域で水力動力の機械を見学しており、その経験に基づいて森江製材所を開業したとのことである。なお、森江製材所創業前、1代目は農業・林業に従事していた。赤田（2019）では、福岡県にあった水力製材所の復旧プロジェクトにおいて、当該施設が「敷地は旧棚田を整地して造られ、棚田へ水を運んでいたイデ（人工水路）をそのまま転用して水を確保していた。また、敷地は河川からかなり高い位置にあり、その落差を利用して動力を得ていた。このように、立地において当該施設が製材所は水力利用に有利な条件を備えていた。」と水力製材所における立地の重要性を指摘している。一方で、森江製材所では、背後の森林内に山沿いに造った水路を利用している。澤山静子氏によると、水路は川の流れ程度であるが、昔は水量が豊富であり、十分な動力を得ることができた、とのことである。また、創業当時は水車を回して動力を得ていた。この水路は、1代目が自ら切り開いて整備したものである。澤山静子氏によると、森江製材所開業前、森林内にて一人で作業する1代目のことを、周囲の住民から変わり者扱いされていたそ

うである。しかし、森江製材所が開業すると、多数の見学者が訪れた。その中には、水力動力でないが勝山地域で製材所を開業したものもいた。

1980年代半ば、1代目の死去に伴い澤山静子氏の父親が、森江製材所の2代目代表になった。2代目（澤山静子氏の父親）は、ものづくりを得意にしており、森江製材所の機械を自ら更新していった。まず、動力を得る装置を従来の水車からタービン式の羽根に変更し、より安定した動力を得ることが出来るようになった。このタービン羽根の出力増加のために、木製水路をコンクリートに改修を行い、新たにタービン羽根横に水槽を作った。この水槽により、水量が減少してもタービン羽根からの出力を安定させることが可能となった。さらに、タービン羽根を覆う水圧菅をFRP（強化プラスチック）に改良し、製材を行うのこぎりを「丸鋸」から「帯鋸」に変更した。この様に森江製材所の2代目は、水力動力の利便性を高め、製材作業効率の向上に努めた。

1992年に2代目の死去後に、澤山静子氏が配偶者と共に森江製材所の経営を継承した。機械・施設等は2代目が整備したものをそのまま利用している。澤山静子氏は、「日常のメンテナンスをしっかりとしておけば、施設・機械等の更新は必要ない。」と述べていた。女性が製材所の経営に携わることは、非常に珍しいことである。そのために、澤山静子氏が経営を継承した当初、「女性が曳いた木材は使えない。」など言われたことがある。しかし、澤山静子氏の製材技術が非常に高く、商品の反りが無く高品質であることが評判になり、仕事が徐々に増えたいった。澤山静子氏は、製材（素材生産）は、正確性が求められるので女性が向いていると思う、とのことであった。

1990年代初めまで、山主からの依頼が主であり、山主の有する山林から伐採された原木の製材加工や顧客自身が持ち込む丸太を加工する賃挽きが主であった。近年は、住宅の建築方法変化に伴い、パレット・型枠用資材などの規格品の加工が増えてきている。

2．森江製材所代表澤山静子氏のライフヒストリー

　前述の様に、澤山静子氏は、森江製材所の3代目代表である。澤山静子氏は富村大地区の出身で、約5年間、旧富村内で公務員として勤務後に、岡山市内の専門学校に通学して、岡山市内などの福祉事業所で勤務していた。結婚を機に配偶者と共に真庭市に移住し、農業（ピオーネと水稲）に従事することになった。1992年に配偶者が病気に倒れて、これまでの様に農業に従事することが難しくなった。本人の強い意志と、配偶者が「製材所の作業なら手伝える。」ということで、森江製材所の作業に従事することになった。なお、2代目代表（澤山静子氏の父親）は、製材所の仕事が、重労働であり、製材業の先行きが見通せない等の理由で、澤山静子氏が製材所を継承することに反対であった。この時、2代目代表（澤山静子氏父親）は病におかされており、死去までのわずか数カ月の間、製材技術を学んだ。2代目代表の死去後、配偶者と澤山静子氏母親（2019年時点、89歳）の3人で製材所を切り盛りすることになった。なお、製材所での作業は配偶者の病気後のリハビリに非常に適していたようであり、森江製材所での作業開始から数年後には配偶者は杖が必要なくなったとのことである。残念ながら、2019年4月に配偶者が死去した。現在は、澤山静子氏と母親の二人で製材所の作業を行っており、新規の作業依頼を受けることは無く、これまでに受けた注文をこなしている状態である。澤山静子氏は真庭市内での農業経営が主の仕事であり、農繁期である5〜7月と9〜11月は農作業のみに従事している。製材所の作業は、主に農閑期に行っており、農繁期は週に1回ほど製材所の様子を見に来る程度である。

第5節　おわりに

　本論では、岡山県鏡野町富村大地区を対象として地域内での付加価値創出の可能性を検討するために、戦後の地域内産業構造と非常にユニークな製材所所の事例を調査した。

　富村では、山林を地域資源として活用しながら、付加価値が創出されてきていた。高度経済成長期以前では、地域資源所有者である山主が原材料を供給→村内の労働資源により炭に加工→全国への炭販売の流れで付加価値が創出されてきた。この炭産業により蓄積された資金や人脈などが、国内でも早い時期でのシイタケ産業の展開につながったと推測される。1990年以降は、炭産業後に植林された針葉樹での林業が主産業になっている。この林業では、地域資源管理は山仕事グループが担っている。元炭焼き職人の多くが、山仕事グループのメンバーとして活躍しており、炭焼きで得たスキルやナレッジが活用されている。

　大地区の森江製材所では、製材過程で出るものは、製材以外もほぼ全て活用されている。例えば、大きな端材は型枠用資材、小さな端材はキャンプ場の薪など、おがくずは畑のマルチ（ウド栽培など）や畜産の敷き藁にとして利用、の様に木材資源のカスケード利用がされている。つまり、地域内で生産された樹木のカスケード利用により、最大限の付加価値を創出していると考えられる。更に、森江製材所では製材に用いる動力も水力利用であり、そのエネルギーを地域内で自給している。そのために、付加価値創出過程で地域外に流出していく部分が非常に小さく、富村大地区の様な地域においては、理想的なシステムである。

　また、3代にわたり100年以上製材業を営んできており、原木丸太の目利きや製材加工の技術といった地域資源活用のスキル・ナレッジが蓄積されている。このスキル・ナレッジが地域資源活用による付加価値創出

の原動力になっている。

　一方で、森江製材所代表澤山静子氏は2004年の台風以降、製材所に動力を提供している水路において、大雨時にはすぐに増水、逆に少雨時にはすぐに渇水するといった、水量の不安定度が増加したと述べている。これは、台風により山林が大きな被害を受けて、荒れてきていることが要因であり、山林管理の重要性を澤山静子氏は指摘している。また、「山主がちゃんと手入れをしている山から出てくる材は品質が良い。木を見たら、山主が分かる。」とも述べている。この様に、森江製材所の施設やスキル・ナレッジを活用するためには、程度の良い地域資源の提供が不可欠である。

　以上のことから、岡山県鏡野町富村大地区においては、ローカルな産業による付加価値創出には、1）長期的なビジョンでの地域資源管理する主体、2）地域資源に付加価値をつけるスキル・ナレッジ、3）付加価値創出のエネルギーの地域内自給の3点が重要な役割を果たしたと考えられる。

　現在、森江製材所には後継者がおらず、澤山静子氏は製材所の閉業を予定している。娘さんの手伝いのもとに、これまでに受けた依頼のための木を曳いているとのこととである。100年以上をかけて構築された地域資源活用システム消失の危機であり、筆者としては非常に寂しく残念である。おそらく、日本国内の中山間地域にも、同様の事例が多くあると考えられる。森江製材所の様な地域内のエネルギーを活用しながら地域資源への付加価値を創出しているシステムや経済主体を、地域社会維持の視点からの再評価が求めれていると考えている。

図3-1　森江製材所全景 左手の谷川の上側に水力タービンがある

図3-2　森江製材所内の製材機械

第4章　大地区における「村の祭り」の変容

高野　宏

第1節　はじめに

　日本列島の骨格をなす脊梁部から平野部辺縁にかけて広がる地域の多くは、中山間地域として指定されている。その面積は国土の約7割にも上るが、高度経済成長期以降、人口減少と少子高齢化によって大きな問題を抱えるに至っている。すなわち、商店や公共交通機関が撤退したり、病院や診療所が閉鎖されたりすることで個人の生活の維持が困難となったり、集落の戸数や人口が減少することで集落機能（冠婚葬祭や農作業等における助け合い）の維持が困難となったりしている。地域の基幹産業である農業の担い手不足による農地や山林の荒廃（耕作放棄地の増加など）も問題である。

　こうした中山間地域が抱える諸問題には、社会・経済的なもののみならず、地域の文化に関するものも含まれる。祭礼行事など、その地域に生きた人々が育み、歴史的に継承してきたさまざまな文化も、人口減少、少子高齢化という現状のなかで存続が難しくなってきている（星野、2012）。半ば個人主義的な都市的生活様式が農村部まで浸透したこと、神事などの宗教行事や民間信仰に対する考え方が変わったこと、娯楽の増加もそれに拍車をかけている。村落内の小さな祠に対する行事や、講といった信仰を介した人々のつながりは多くの地域で大きく衰退している。それだけでなく、長らく地域住民の精神的な紐帯となってきた「村の祭り」、

すなわち地域の氏神（鎮守）に対する祭礼行事ですら、その存続が危ぶまれている（冬月、2019）。

　筆者は2019年10月から2020年4月にかけて、鏡野町大地区の氏神である神田神社の祭礼行事やそれに関連する会合、儀式を見学する機会を得た。具体的には、秋祭り、霜月祭り（甘酒祭り）、氏子総会、シメ立ての四つの場面に立ち会った（それぞれの説明は後述する）。そして、筆者はそれらの現場において、大地区における「村の祭り」の現状を記録するとともに、それが瀬戸内海総合研究会によって『山村の生活』が書かれた当時（1955年）からどのように変化してきたのか、新型コロナウイルス感染症が広がるなか、できうる限りにおいて聞き取りを行った。本稿では、その成果に基づき、山間地域に位置する大地区の「村の祭り」の現状と変化について述べたい。

　本稿の構成は以下のようになっている。まず、次節（第2節）において、大地区の位置や地区内の集落・主要施設を概観するとともに、神田神社の歴史や氏子について説明する。続く第3節では、神田神社における一年間の祭礼行事の構成を略述し、筆者が見学した秋祭りと霜月祭りの現状を、準備から直会にいたるまで具体的に描写する。そして、第4節において、そうした大地区の「村の祭り」が『山村の生活』の刊行からおよそ65年間でどのように変化してきたのか、一年間の祭礼行事の構成と、具体的な祭礼行事の内容・形式の両面において検討する。そして、第5節にて、大地区における「村の祭り」の変化と地域住民との関係について言及し、本稿のまとめとしたい。

第2節　大地区の集落と神社

１．大地区の位置と集落

　津山市から西北西に約20km、真庭市の中心部（久世）から北東に約10km、鏡野町の南西部に旧富村の大地区がある。鏡野町西部を南北に流れる余川（よかわ）は、上流においては急峻なＶ字谷を形成しているが、その中〜下流域では所々で蛇行し、小盆地的な谷底平野を点々と形成している。大地区もそうした谷底平野に立地する村落の一つである。

　第１図（口絵、本章の図については以下同じ）として、大地区とその周辺の地形図を載せているが、余川は大地区の北西において南東に流路を変え、中ほどで再び南西に流路を変える。Ｓ字にカーブする余川の両岸には山間地域としては比較的広い谷底平野が広がり、水田に利用されている。地域の幹線である県道65号線（久世中和線）は、地区の北西では余川左岸に沿って通り、地区の中央で橋を通じて同河川の右岸側に渡って南に抜けている。集落は余川上流左岸に上集落、中ほどの両岸に中集落、下流部右岸の山沿いに下集落が立地している。なお、下集落からさらに下流に移動すれば、２kmほどで楠地区の集落に到着し、楠地区から峠を挟んで東側には兼秀地区の集落がある。集落の主要な施設としては、橋の南のたもとの生活改善センター（小学校分校の跡地）、上集落の山手に鎮座する神田神社がある。また、下集落の東の斜面にはカタクリの自生地があり、その開花時期には観光客が訪れる。

　現在の大地区における戸数と人口は、25戸・54人（男25人、女29人）である（2020年の『国勢調査』による）。65歳以上は28名、高齢化率は51.9％となっており、限界集落の定義である「高齢化率50％以上」に当てはまっている。なお、『山村の生活』によれば、1951年の戸数と人口

は、48戸・256人であった。両者の数字を比較すると、69年間で戸数は47.9%減少し、人口は78.9%も減少したことになる。

2．地区内の神社と氏子

　上集落の山手に鎮座しているのが、神田神社である（第1図参照）。祭神は大国主命、葦原色男許命、須勢理比売命、奥津彦命、大山祇命、稚産霊命、事代主命、少彦名命、奥津姫命であり、境内神社として保食神などを祭神とする齋（いつき）神社を有する。この神田神社の氏子の範囲は大地区の全戸である。それゆえ、同神社はまさしく大地区の象徴的存在であり、同神社にまつわる祭礼行事は「村の祭り」として重要な意義を有している。

　ただし、神田神社が現在の名称で呼ばれるようになったのは、明治時代になってからのことである。それ以前の同所には若王子権現が祀られており、神仏習合の様式によって祭祀が行われていたとみられる[1]。それが明治政府による神仏分離令を受け、新たな祭神をいただき、名称も1971（明治4）年に若王子権現から現在のものに改められた。さらに、1908（明治41）年に明治政府が打ち出した一村一社の方針に従い、大麻（おおぬさ）神社、五社神社、大塚神社、大守神社、三寶神社、大宰荒神、御寶様、山の神様（以上大地区）、楠茂神社（近隣の楠集落）、山祇（やまずみ）神社（近隣の兼秀集落）を、翌1909（明治42）年から1911（明治44）年にかけて合祀していったとされる。

　以上のような神田神社の成立過程から、二つの注意すべき点がある。一つは、神田神社の氏子には、本来は楠と兼秀の家々も含まれていたことである。それが、昭和30〜40年代に上記2集落が分離し、現在の大地区と一致する氏子の範囲となった。もう一つは、明治期に神田神社に合祀された社のうち、大麻神社と五社神社には現在でも氏子が存在している

（それぞれ8軒と4軒）。そのため、両神社の氏子は、他方で大地区全体の氏神である神田神社の氏子でもあるという、いわば「二重の氏子」状態にある。別の言い方をすれば、神田神社のみの氏子、大麻神社と神田神社の氏子、五社神社と神田神社の氏子、という三つのグループが大地区内に存在している。

　神田神社に関連する祭礼行事の運営は、大地区の各集落から選ばれた氏子総代（3名、互選で総代長、副総代長、会計を務める）が中心となって行う[2]。それに加えて、「頭屋（当屋とも書く）」と呼ばれる家々も重要な役割を果たす。頭屋は、神に対する日々の世話をする家のことであるが、神田神社の氏子、大麻神社の氏子、五社神社の氏子の3グループから各1軒が担当する（合計3軒）。頭屋は基本的に各グループ内での輪番であるものの、そのなかに比較的新しい分家や近年他地域から転入した「移住者」は含まれていない。また、大麻神社と五社神社の氏子は神田神社の氏子でもあるため、二つのグループに属し、ときには二つの頭屋（神田神社と大麻神社ないし五社神社の頭屋）を同じ年に兼務することもある。

　近年では、人口減少や高齢化によって、氏子総代や頭屋の引き受け手が少なくなっていることが問題化している。たとえば一人暮らしの高齢女性による世帯は、そうした役を十分にこなすことができないとして断ることが多い。とりわけ頭屋の仕事は多岐にわたり、また戸数の大幅な減少によって役が回ってくる頻度も以前に比べて格段に高くなっている。頭屋の引き受け手を継続して確保するために、その役割をなるべく少なくすることが課題となっている[3]。以下でも折に触れて言及するが、頭屋は祭礼行事に伴う直会の食事を自費で準備するなど、経済的負担も小さくない。その問題を解決するために、近年では、神田神社の会計などから5万円の補助が頭屋に対して支払われる、頭屋に対する資金的な援助も行われるようになっている。

第3節　一年間の行事とその様子

1．一年間の行事

　現在、大地区で行われている「村の祭り」は、田植祭り、夏祭り、秋祭り、霜月祭り（甘酒祭り）の四つである。

　それぞれについて簡単に説明すると、田植祭りはその年の豊作と氏子の健康を祈願するもので、神田神社にて毎年５月４日に実施される。氏子総代３名・頭屋３名・地区長が参加する祭典のあと、氏子らによる簡単な直会が行われる（料理等は３頭屋が準備する）。夏祭りは、農作物を虫害から守るため、また体調を崩しやすい夏の間における氏子の健康を祈願するために開かれる。行事の場所や内容は、田植祭りと同様であり、祭日は毎年７月14日である。秋祭りは、その年の収穫を神に感謝し、氏子の健康と繁栄を祈願するもので、神田神社での祭典のあと地区内を神輿が渡御する。秋祭りの祭日は、文化の日である11月３日となっている。霜月祭りは、その年に収穫された御饌と新米で醸された甘酒を神に供え、豊作の喜びを神と共に分かち合う行事である（11月24日に近い日曜日に行う）。霜月祭りでは、新旧頭屋の交代の儀式、来年の農作物の豊凶に関する卜占も行われる。

　なお、上記の「村の祭り」のほか、大地区全体で行う宗教的な行事として百万遍（数珠回し）が挙げられる[4]。2020（令和２）年の場合、７月19日（日）に生活改善センターで行われた。また、「村の祭り」に関連する祭礼として、神上げとシメ立てがある。前者は霜月祭りの後、神官が旧頭屋（３軒）の家で祝詞をあげて神を天に帰す儀式であり、後者は４月の上旬に新頭屋（３軒）の家で同じく神官が祝詞をあげて神を降ろす（頭屋に神を迎える）儀式である。いずれも大地区全体ではなく、頭

屋を務める家での行事であるが、大地区の宗教的世界観を支える重要な儀式といえる。頭屋は、後者から前者までの間、家や神社で神の世話をすることとなる。具体的には、神棚や床の間に祭壇をつくり、お田植祭りや夏祭りなどの行事ごとにお神酒とご飯を供える（古くは毎日であったかも知れないとのこと）、秋祭りの前に注連縄を作って飾り付け、年末にも神田神社の飾り付けをする[5]。それに加えて、彼らは秋祭りや霜月祭りといった「村の祭り」の準備や運営において、氏子総代とともに中心的な役割を果たす必要がある。

2．秋祭りの様子

（1）準備

　2019（令和元）年の秋祭りは、近年の通例通り11月3日（祝、文化の日）の午後に執り行われたが、これに先立つ準備作業は3段階に分けて行われた。

　まず、秋祭りの1週間前の10月27日（日）に、地区の全体で神田神社に上がり、同神社の裏山も含めた大掃除を行った。次いで、秋祭り当日の午前中（午前8時30ごろから午前10時ごろまで）に、氏子総代と頭屋とで境内・拝殿の簡単な掃除、神社の裏山からのサカキの切り出し、お供え物の準備、祭典時における座の準備（座布団を敷く）、神社の入り口と御旅所（第1図中の④）などの神輿を据えて儀式を行う場所への幟立てを行った。そして、秋祭りの直前、午後12時30分ごろからは、氏子総代や頭屋以外の地域住民も神田神社に集まり始め、最終的な準備作業が行われた。コシモリ（輿守〔神輿の担ぎ手の意、神輿に同行する太鼓や獅子頭を持つ役も含む〕、15名）の人たちを中心に、神社の蔵から分解された神輿の部品や獅子頭、鉾、太鼓を担ぐ棒等を取り出して、それらを組み立てるなどした（第2図、太鼓は神社の拝殿より取り出す）。その他

の人たちも掃除を念入りにし、神官が到着した12時50分ごろからは、神官と氏子総代、頭屋が中心となって玉串や大幣を制作した。祭りの後の直会において皆で食するオードブル等（直会の料理や飲料は3頭屋が用意する）も、このごろ、神社の社務所に到着していた。

　なお、秋祭りに用いられる神輿の裏には、「明治十四年□十月吉日」「細工人大阪安土町二丁目　鈴木源右衛門」の文字が墨書きされている。これが示す通り、大地区の神輿はおよそ140年前に大阪で作られたものである。以後、少なくとも1895（明治28）年、1903（明治36）年、1955年頃、2008（平成20）年と修理を重ね、現在まで引き継がれているものである。地域住民においても、その製作費が当時200円もしたことや、3人の代表者が着物にそのお金を縫い付けて大阪まで注文に赴いたこと、完成した神輿が瀬戸内海の海運（大阪から旭川の河口まで）、高瀬舟（旭川の河口から久世まで）、陸路（久世から大地区まで）を通じて大地区まで到着したことなどが言い伝えられている。いずれにせよ、この秋祭りに用いられる神輿は、大地区が豊かな地域であったことを示すものとして、地域住民が誇りに思っている物の一つである。

（2）祭典

　秋祭りの開始は、午後1時30分であった。神田神社の拝殿にて祭典が行われ、氏子総代3名、頭屋3名、地区長、コシモリの代表者の計9名が参列した（第3図、本殿に向かって左側が頭屋の座、右側が氏子総代・区長・コシモリの代表者の座）。祭典自体は、修祓、献饌の儀、祝詞奏上、玉串奉奠（総代長、頭屋の代表者、区長、コシモリの代表者の順）、撤饌の儀と進み、30分ほどで終了した（午後2時ごろ）。その後、祭典の参加者、コシモリらに神饌であったスルメとお神酒が振る舞われた。このささやかな飲食には、とりわけ神輿を担ぐコシモリの身体を清める意味があるとされている。

（3）遷座の儀式と神輿の出発

　神輿の渡御に先立って、本殿から神輿に神を移動させる儀式（遷座の儀式）が行われた（午後２時５分ごろ）。まず、コシモリたちは神輿を拝殿に運び込んだうえ、太鼓、獅子頭、鉾の道具一式を神輿の担ぐ竿の部分に掛けて、儀式でのお祓いに備える。その後、コシモリたちが氏子総代・頭屋・地区長・コシモリの代表者が座した拝殿（座の配置は先の祭典の時と同じ）の前にしゃがみ、頭を下げると遷座の儀式の準備は完了した。こうして準備が整うと、神官は祝詞を奏上し、本殿に向かって右の座、左の座、神輿と道具一式、拝殿の前のコシモリらの順番にお祓い（修祓）を行う（第４図）。そして、神官は再度祝詞を奏上したあとで、マスクと手袋を装着し、御簾の下がった本殿から神の依り代を取り出して、それを神輿の中へと移し替えた。

　以上の儀式によって神が神輿に乗せられると、いよいよ神輿は拝殿から担ぎ出された（午後２時15分ごろ）。太鼓（叩きながら進む、２名）、鉾と獅子頭を持ったコシモリ（１名）、神輿（担ぎ手は12名）、そして金幣を持った頭屋が列をなし、神田神社の建物（本殿と拝殿）の周りを時計回りに３回まわり、それから大地区内の渡御に向けて態勢を整えた。すなわち、神輿をトラクターに牽かれた台車の上に載せ、太鼓、鉾と獅子頭、トラクターと神輿、神主、頭屋（金幣を持つ）、氏子総代（御旅所での儀式に用いる玉串や大幣、お札などを持つ）、その他の神社まで上がってきた氏子の順番に列を作る。その後、コシモリや神主らの一行は、神社の石段横に作られたスロープを下って大地区の各集落へと出発した（第５図）。

　なお、神輿の出発にあたって神社の建物を時計回りに３回まわることには、この地域に独特の宗教的感覚が関係している。筆者の聞き取りによれば、大地区やその周辺では、葬儀の出棺の際に棺桶を反時計回りに３回まわす慣習があるとのことであった。このことから、当地では「時

計回り＝生／聖」「反時計回り＝死／穢」という対立的な観念が存在し、それが現代においても非日常における人々の行動に影響を与えているものと考えられる。

（4）神輿の渡御

　午後２時30分ごろ、神社を出発した神輿とその一行は県道65号線を南に下り、下集落の入り口にある神田神社の御旅所に到着した。同所にある石製の座にトラクターの台車から神輿を移して据えると、下集落の人たちが「お初穂」と「御神足（コシモリに対する謝礼金）」の包みをそれぞれに持って集まった。氏子総代やコシモリらは神輿に大幣を立て、神輿に対して「お初穂」と「御神足」の包みを並べて供え、頭屋が持っていた金幣を立て掛けて、御旅所での儀式の準備を整えた。

　そして、午後２時40分過ぎから儀式が開始され、神官の祝詞奏上のあと、総代の代表者とコシモリの代表者が玉串を奉奠してそれが終了した（第６図）。その後、「お初穂」と「御神足」を持参した下集落の人たちに対して、「神田神社秋祭　無病息災　家内安全　家運隆昌　祈白」と書かれたお札が、氏子総代を通じて授けられた。神輿から大幣が取り外され、金幣が頭屋に戻されるなどし、一同が再度渡御の用意を済ませて御旅所を出発したのは午後２時45分を少し過ぎたころであった。

　下集落の御旅所を出発した一行は、下集落をぐるりと回ったあと県道65号線を北上し、中集落と上集落を巡って、最終的に神田神社に帰ることになる。その途上、中・上２集落の特定の場所（いずれも県道65号線上）において御旅所で行ったものと同様の儀式が行われた。すなわち、その場所に到着すると神輿を据え、そこに大幣や金幣などを配置し、神官による祝詞奏上が行われた。それらの場面でも、御旅所での様子と同様に、「お初穂」と「御神足」を持参した地域住民が参集し、彼らに対して「神田神社秋祭」のお札が氏子総代を通じて授けられた。ただ、中・上集落での儀式が御旅所でのそれと異なっている点として、神輿を据える台

が常設のものではなく木製の組み立て式のものである点、祝詞奏上のあとの玉串奉奠が行われない点を指摘することができる。

　なお、神輿が神田神社の石段横のスロープを上り、境内に到着したのは午後3時25分ごろであった。神輿が神田神社を出発したのが午後2時30分ごろであったから、その渡御に要した時間は1時間弱であったことが分かる。

（5）遷座の儀式と神輿等の片付け

　境内に到着した一行はトラクターの台車から神輿を降ろし、それをコシモリらが担ぐ。そして、太鼓、鉾と獅子頭を持ったコシモリ、神輿、金幣を持った頭屋、神官、氏子総代の順で列をなし、神社を出発する際に行ったのと同じように神田神社の建物（本殿・拝殿）の周りを時計回りに3回まわった。その後、神輿は拝殿に運び込まれ、神輿から本殿へと神を移し替える遷座の儀式が行われた。コシモリたちは拝殿の前でしゃがんで頭を下げ、マスクと手袋をした神官は神輿からご神体を取り出して御簾の下がった本殿内部に安置する。

　これにより、秋祭りのすべての式次第が終了となり、午後3時35分ごろから皆で片付けと直会の準備に移った。コシモリたちが中心になって神輿を分解し、神社の蔵にしまう。太鼓は神社の拝殿へ、金幣も本殿の中へと戻して元通りに配置する。それと並行して、直会に向けて、拝殿に座布団を敷きつめ、飲み物（ビール・ノンアルコールビール・お茶・ジュース）やオードブル、寿司やお刺身、お菓子を配膳する。筆者が社務所に向かうと、女性が薬缶に入れた日本酒をカセットコンロにかけて燗をつけていた。

（6）直会

　片付けが一段落し、神田神社の拝殿にて直会が開始されたのは午後4時ごろであった。一同着座のあと、総代長の挨拶があり、地区長の乾杯の音頭でその開始となった。参加した者たちは準備された寿司や刺身、仕

出しのオードブルを食べながらお酒などを飲み、互いに歓談した。神官は午後4時50分ごろに退席し、これをもって全体としての直会は終了したとみられ、人々は少しずつ家路へと帰っていった。なお、この直会においては、氏子総代の会計担当者から「御神足」の配分についての報告もなされた。秋祭り当日に地域住民から寄せられた「御神足」は合計68,000円であったが、それを4,000円ずつ15人で分配し、残った8,000円を神田神社に寄付することになった。一人あたり4,000円の手当は、氏子総代の会計担当者より、その場でコシモリを務めた各人に配られた[6]。

3. 霜月祭りの様子

(1)準備

　2019年度の霜月祭りは、11月24日（日）に開催された。当日の儀式は午前10時からであったが、それに先立ち、8時ごろより地区総出で準備が行われた。

　神田神社では、総代長と神田神社の氏子のうちで手の空いている者が準備を行っていた。作業内容は、境内および社殿の清掃と裏山よりサカキを切って降りることである。

　一方、生活改善センターの外では、男性たちが6名程度で「オリカケダル（折掛樽、第8図参照）」[7]と呼ばれる儀式用の酒器を作り、供物の一つであるイワシ（神田神社、大麻神社、五社神社各2尾ずつ、合計6尾）を焼いた。同センターの中では、男性4名がこれも供物の一つであるお櫃に入れられた白米を包むための菰とそれを縛る縄を編む（神田神社分の一組のみ）。また、炊事場では女性たちが15名ほど集まり、頭屋の婦人を中心として、赤飯（供物として2升準備する）を蒸したり、白米（1升2合〔閏年は1升3合〕準備する）を炊いたり、漬物（儀式後の直会で振る舞われる）を盛りつけたりしていた。なお、霜月祭りは別名甘

酒祭りとも呼ばれ、その直会において甘酒が振る舞われるが、それは事前に（2019年には3日前から）頭屋3軒が協力して生活改善センターで仕込んでおいたものである。

　生活改善センターでの準備は午前9時40分にはおおむね完了し、神田神社、大麻神社、五社神社それぞれの供物が、同センターに設えられた長机による特設の祭壇の上に揃えられた。一例として、第7図に神田神社の供物一式を示すが、右上の菰に包まれたものがお櫃に入った白米である。その左下に焼いた鰯2尾があり、サカキの周辺には椀に盛られた赤飯と甘酒、お神酒の入った徳利、燈明も確認できる。こうした供物の一揃えが大麻神社と五社神社に対しても供えられるが（白米のお櫃が菰で包まれているのは神田神社のみ）、大麻神社の祭壇にはオリカケダルと卜占で用いる茅の箸も置かれ、通例では三重の餅も用意される。ちなみに、第7図の中央には黒い木の箱が見えるが、そこには「神田神社當舗巡番簿入」と書かれており、歴代の頭屋がその氏名を記入してきた帳面が入っている。

　その後、サカキと燈明以外の供物の一式を神田神社の拝殿に運び（お神酒などのこぼれやすいもの以外は軽トラックにて運ぶ）、本殿や社務所、神輿蔵への紙垂の飾りつけなど、最終的な準備作業が終われば、いよいよ霜月祭りの始まりとなる。特徴的な形状のオリカケダルは、拝殿から本殿へと続く階段の擬宝珠に掛けられた（第8図）。

（2）祭典

　午前10時、神田神社の拝殿に神官と新旧の頭屋、氏子総代、地区長が集まり、霜月祭りの儀式が開始された[8]。最初の式次第にあたるのが、修祓、献饌の儀、神主による祝詞の奏上、玉串奉奠（氏子総代の代表者、頭屋の代表者、地区長の順番）、撤饌の儀からなる祭典であった（本殿に向かって左側が新旧の頭屋の座、右側が氏子総代と地区長の座）。これについては、先に紹介した秋祭りでの祭典と大きな違いはないため、細かな

説明は省略する。

（3）卜占と頭屋渡しの儀式

　およそ30分で祭典が終わると、神官の口から「これから卜占と頭屋渡しの儀とを行う」旨の発言があり、一同は卜占のために本殿の裏へと向かった。このとき、大麻神社の旧頭屋が供物のうち白米の入ったお櫃と茅で作った箸（12膳、閏年の場合は13膳）を持って移動した。本殿の裏に彼らが到着すると、本殿の真下に設えられた石の台の上にお櫃を置き、神官と大麻神社の旧頭屋が箸を一本ずつご飯に突き立てていく。すべての箸を立て終わると、神官が茅の箸の端をまとめて掴み、捻じるようにして引き抜く（第9図）。この時、箸に付く米の量によって来年の作柄が分かるのだという。

　以上の卜占が終わると一同は拝殿に戻り、神田神社、大麻神社、五社神社の順番に頭屋渡しの儀が行われた（第10図、開始は午前10時45分ごろ）。具体的な手順は以下の通りである。

①本殿に向かって右側の座に旧頭屋が、左側の座に新頭屋が座り、それぞれ供物などを挟んで向かい合う。その両者の間に神官が座す。

②お神酒を神主、旧頭屋、新頭屋の順番に戴いたあと、イワシをそれと同じ順番で戴く。

③頭屋の順番を記した帳簿を箱から取り出し、そこに神官が新頭屋の名前を記載する。

　こうした頭屋渡しの儀式は15分ほどで終了し、一同は神官の儀式終了の挨拶により本殿に向かって一礼をする。これにより、霜月祭りの儀式部分は終了となった。その後、神社に上がっていた人たちは直会のため生活改善センターに移動し、神田神社に運ばれていた供物も再度同センターの特設の祭壇に飾りなおされた。

（4）直会

　直会は、神田神社での儀式の参加者だけでなく、多くの地域住民を集めて生活改善センターにて午前11時40分ごろより行われた。その開始にあたって、旧頭屋から一年間の感謝の意が述べられ、新頭屋からも今後一年間のご協力のお願いが述べられた。その後、旧頭屋からの振る舞いとして、生活改善センターに集まった地区の人々に豪勢な食事が提供された（第11図）。

　食事の内容は白米・赤飯のむすび、仕出しのオードブル、漬物、ジュース、ビールなどの酒類であった。それに加え、供物のお下がりの焼きイワシを載せた皿、赤飯が盛られた3神社のお椀も順々に回され、それらが無くなるまで皆で一つまみずつ戴いていく。また、事前に頭屋らが集まって作った甘酒も大鍋で温められ、人々に振る舞われた。全体としての直会は1時間ほどでお開きとなったが、それ以降も地域の人々が食事と歓談を楽しんでいた。神官は、神田神社での儀式終了後に頭屋の家に行き、神上げの儀式を行ってから直会に参加する。

第4節　行事およびその運営にみられる変化

　こうした大地区の「村の祭り」は、現在までにどのような変化を遂げたのであろうか。筆者の聞き取りの結果、および瀬戸内海総合研究会による『山村の研究』の記述と現状の比較から、一年間の行事の構成、行事の内容・形式に分けて検討する。

1．一年間を通じた祭礼行事の構成にみられる変化

　『山村の研究』の第4章第4節「民俗」の「氏神祭」の項目に、本項で

取り上げる「村の祭り」ついての記述がある。そこに記載されているのは、シメ立て（３月３日）、お田植祭り（祭日の記載なし）、夏祭り（祭日の記載なし）、秋祭り（祭日の記載なし）、頭屋祭（霜月祭りのこと、12月１日）の５つである。神上げについて記載がないが、それが現在でも霜月祭りの当日に小規模で行われることを踏まえれば、『山村の研究』が刊行された1955年当時と現在とで「村の祭り」の全体的な構成は全く変わっていないことが理解できる。このことは、講やさまざまな地区内の小祠に対する祭祀が縮小・消滅したことと対照的である。たとえば、大地区では荒神講、山上講、山の神講といった儀式と直会を中心とした講、中山講、大社講、美保関講、宮島講、金毘羅講、伊勢講といった有名社寺への参詣を目的とした講（中山講以外は代参を選ぶ）が存在したが、それらのうちで現在まで行われているものは一つもない[9]。氏神に対する祭礼行事が、いかに大地区の地域住民の精神面、すなわち、地域アイデンティティという面において重要な意味をもってきたが理解されよう。

２．行事の内容・形式における変化—秋祭り・霜月祭りを例に—

（１）秋祭りにおける内容・形式の変化

ａ．神輿渡御の行列の構成　　まず、神輿の渡御に際して組まれる行列の構成にかなりの変化がみられる。『山村の生活』には、行列の構成について、「猿田彦—笠牟—獅子—幡—大牟—鉄砲—長刀—鎧—太鼓—神輿委員—神職—神輿—神田神社神主・大麻神社神主・五社神社神主—神田神社頭屋・大麻神社頭屋・五社神社頭屋—ケイゴ—氏子」となっており（384頁）、現在よりもかなり役が多い。見慣れないものとしては、神輿委員と三神社の神主が挙げられよう。前者については、「神輿が途中で止つている時やお旅所に於て、氏子から普請の方角や縁談等のウカガイゴト（神に尊ねる意）が行われるのに応答する」とある（384頁）。後者に

ついては、その先祖がそれぞれの神社を勧請したとされる家の当主のことで「旧神主家」と表現される。彼らは、神田神社の神事において権威を有し、それぞれに金幣を持って行列に加わっていた。また、猿田彦から太鼓までは神輿を先導する露払いの役でありつつ、長刀や鎧などを持ち出すことで、ある種、神幸の威厳を高める役目を果たすものであるが、これらのうち、猿田彦、笠鉾、幡、鉄砲、長刀、鎧は現在の秋祭りでは登場しない。さらに、聞き取りでは、ここに見られる「獅子」は、現在のように獅子頭と鉾を持って神輿に随行するのではなく、二人組で獅子練りを披露して道中を練り歩いていたのだという。

　このように、従来の神輿渡御は、現在のものに比べて大人数であり、華々しさが感じられるものであったが、それが少しずつ縮小していったのには、複数の理由が存在する。神輿委員については、『山村の生活』に「お上からウカガイゴトを禁じられたので三年前から止めた」とあるので（384頁）、行政による宗教政策の影響から廃止されたことが理解できる。旧神主家については、昭和30〜40年代に、神田神社氏子から楠・兼秀が離脱したことが主な理由として語られる。すなわち、両集落の離脱によって氏子の総数が少なくなり、コシモリが不足する（コシモリの担当にあたる頻度が高くなる）ようになり、旧神主家もコシモリになれるように、その制度を氏子総代と相談して廃止したとのことであった[10]。ただし、地区に若い人が多かった当時は皆がコシモリをしたがるので当番制となっており[11]、また65歳の定年制であった（現在定年はない）。このことを考えれば、旧神主家が廃止されたのには複合的な理由があった可能性もある。そして、猿田彦ほかの露払い役の減少は、一つには道具類の老朽化や散逸、もう一つには過疎化による人口減少への対応が考えられる。

b．神輿渡御の時間　現在の神輿渡御は1時間程度で終わるものであるが、従来はかなりの長時間、場合によっては数日をかけて氏子の家があ

る集落を回っていた。『山村の生活』には、「（かつては）神幸が終わるまで三日かかつた」としつつ、「今は一日に終わるようになつている」と記している（384頁）。この記述に従えば、1955年の段階で神輿渡御の時間が短縮され1日以内になっていたことになる。しかし、筆者の聞き取りによれば、楠と兼秀が神田神社の氏子であったころ（昭和30〜40年代まで）には、1日では回り切れず、2日間かけて神輿を担いでいたとの情報が得られた。現在でも、多くの人々の記憶に、そのころの情景が残されている。

　なぜそのように長時間の神輿渡御が必要であったのかといえば、幾つかの理由が存在する。第一には、単純に集落の数が多かったことがある。現在は上・中・下の三集落を回れば終了となるが、少なくとも昭和30年代までは楠・兼秀の2集落も回る必要があった。その距離は現在よりも相当長く、とりわけ大地区を出て楠を回ったあと、隣の谷にある兼秀集落に向かうために峠を越える必要もあった（「兼秀越え」と呼んでいた）。第二には、各集落内でも神輿が止まる場所が多かったことがある。すでにみたように、現在では下集落の御旅所および中・上集落の特定の場所と、神輿は全行程中3か所に停止するのみである。それに対し、以前は、御旅所だけでなく、それぞれの集落において総代の家、頭屋の家（ただし、楠・兼秀は除く）、祝い事のあった家（結婚、出産、年祝いのあった家など）で神輿を停止し、その都度、コシモリたちが各家の者から酒・肴、お菓子の振る舞いを受けていた（中・上集落の特定の場所への停止はなかった）。

　そして、第三には、降雨の影響もあった。神輿渡御の途中で雨が降ってきた場合、現在はビニールを神輿の屋根に掛けてそれを継続するが、従来は神輿を濡らすのは神に失礼であるとして、近隣の家で雨が止むまで雨宿りをさせてもらっていた（泊まりになることもあった）。第四の理由として、神輿の停止中に地域住民の個人的な神頼みがなされていたこと

が挙げられる。先述の神輿委員のところで触れたように、1952年ごろまでは神輿の停止中に「ウカガイゴト」がなされていたのである。このような理由から、神輿の渡御は１日では収まりきらず、複数の日にまたがって行われていたのである。なお、日をまたいで神輿渡御が行われていた時代には、コシモリたちは行き当たった集落の頭屋にて宿泊していた。そのため、宿となる頭屋は家を入念に掃除し、コシモリたちをもてなす料理や酒・肴を準備しておかなくてはならなかった。

　もっとも、このように長時間にわたって神輿の渡御を行っていたのには、単純にそれが人々にとっては楽しかったということもある。どこの農村でも聞かれることであるが、娯楽や飲食店が少なかった時代には、皆で集まって酒を飲むことが何よりの楽しみであった。神事とはいえ、秋の収穫もひと段落して、互いの一年間の苦労を労いつつ、太鼓のリズムに合わせて神輿を担ぎ、家々からの酒・肴の接待を受けて回るということは、少なくともコシモリの男たちにとっては堪らないものであったに違いない[12]。若い人が多かった時分には皆がコシモリをしたがった、というのは、秋祭りのこうした高い娯楽性がその根底にある。

　神輿の渡御が現在のように短時間化した様子を段階的に整理すると、1942年頃に「ウカガイゴト」が禁止となり、第四の理由がなくなる。次に、昭和30〜40年代、楠・兼秀が氏子から離脱することで第一の理由がなくなる。それと同じころ、雨天時には神輿にビニールをかけるようになり、第三の理由がなくなる。そして、2010年代にコシモリの接待に対する各家（とりわけ頭屋）の負担を減らす目的から、各集落の代表地点での祝詞奏上という現在の形式に移行した。そして、この第二の理由の消滅の背景には、地域住民の高齢化、家族人数の減少、娯楽の多様化に伴う飲酒習慣の変化があったと考えられる。

ｃ．神輿渡御の動力化　上述のように、神輿の渡御は長時間にわたるだけでなく、人力で行っていたために、コシモリには非常な体力が求めら

れた。それでも、過疎化・高齢化が進展していなかった時代においては、当然のことながら、前節で紹介したように神輿がトラクターのけん引する台車に載せられて地区内を移動するということもなかった。

　現在のように神輿を動力で運ぶようにしたのは2004年ごろのことである。担ぎ手の減少や高齢化に対応するため、個人が所有する1.5tの荷台が付いた大型自動車を使用したのが始まりということであった。その後、その大型自動車を所有する個人が自家用車を軽自動車に買い替えたため、個人所有のトラクターの荷台をペンキで黒く塗り、神輿の運搬に供するようになった。

　なお、1985年ごろまでは、神田神社にはスロープがなく、神社への上り下りは石段を使うほかなかった。そのため、長時間神輿を担いだ人たちは、最後の力を振り絞って急な石段を駆け上がって神田神社へと帰りついていた。それが体力的に厳しくなってきたということで、とある氏子が石段東側の土地を神田神社に寄贈し、神輿や自動車が楽に上り下りできるスロープが造成されたのである。1985年には、大地区の少子高齢化は進行し始めていたことから、それが現在における神輿の動力化における伏線であったと考えることもできる。

ｄ．神輿の渡御以外での変化　その他、秋祭りにおいてみられた変化としては、直会の合同化が挙げられる。どの年代までかは明らかにすることができなかったが、おそらく昭和期においては秋祭りの直会は現在のように神田神社の拝殿で行うものではなかった。直会は頭屋がそれぞれに準備し、各家の屋敷を会場として提供することで行われていた。すなわち、秋祭りの式次第が一通り終了すると、コシモリらをはじめとした地域住民はいずれかの頭屋に行き、その家の者から手厚いもてなしを受けたのである。

　こうした状況において大変であったのは、頭屋の女性たちであった。神田神社の氏子たちは、上・中・下の３集落にあるどの頭屋に行って飲食

をしても良かった。そのため、彼女らはどれだけ人が来てもいいように、70人前程度の料理を準備して待っていなくてはいけなかった（後述するように直会でオードブルを取るようになるのは2010年ごろであるため、料理のほとんどは手作りであったと考えられる）。それだけでなく、頭屋に寄ったコシモリをもてなす縁側を掃除しておく、コシモリがトイレを借りるかもしれないのでトイレの掃除も十分にする、酔っぱらったコシモリが蹴飛ばしたり、壊したりする可能性も想定して物を片付けておく、ということもまた、彼女らの役割であった。人々の楽しみの裏には、頭屋の女性たちの働きがあったのであり、人口減少が進行する（一家の女性の数も減少する）につれて、直会が頭屋の大きな負担になっていったことは想像に難くない。

（2）霜月祭りにおける内容・形式の変化

ａ．祭りの期間の短縮　『山村の生活』にみられる秋祭りの記述は詳細とはいえないが、霜月祭り（「頭屋行事」と表記）のそれは順を追った詳細なものである。秋祭りが比較的一般的なものであるのに対し、霜月祭りが大地区に固有の内容を含むからと考えられる。やや長文であるが、まずは、以下にその記述を引用しておく。

> 「頭屋行事は三日間に互る。初日をホヨセ（正しくはキヨセ：引用者注）と呼ぶ。男は山から頭屋の薪を運び、女は大根を洗う。昼食に『木負いママ』（小豆飯）を出し、夜頭屋に集り、黄な粉と餅五つ宛を配分する。第二日目、祭の当日、頭屋に集り、朝食に小豆飯を出す。一〇時頃お宮に参り、折掛樽、木の葉餅（小餅のこと、各百二〇用意して六〇を持参、他は村内の諸社に供える）口明酒（二升）、米（一升二合）、一夜の神酒（甘酒）を薦の上に並べて供える。終わつて頭人は一升二合の飯を炊き茅の箸を周囲に立てて、捻ぢ取り社前の石の上にのせ供える。村内の方々に折掛樽、木の葉餅を供え、頭

屋に帰つて、頭屋神に本膳・脇膳（いずれも餅）などを供える複雑な行事を行う。終ると戦前は赤飯四斗を蒸し、膳棚二つを設けて、倒れるまで酒を飲む（『大の大酒飲み』とゆう俚言がある）トービラキをする。夕刻から膳に鰯三尾をのせ、中ガサ（塗椀の蓋）で、新旧頭屋と神職が三三九度の盃をして『頭屋渡し』をする。三日目を『三日の祝』或は『道具送り』といい、午前中酒宴をし、午後三社共有の器具を次の頭屋組に送る」（383頁）

　以上の記述を見て相違点として第一に見いだされるのは、祭りの期間が短縮されているということである。つまり、現在、霜月祭りとして実施されているのは2日目の行事であり、1日目、3日目の行事は省略されてしまっている。1日目は準備、3日目は後夜祭と道具送りであるので、行事の本質的な部分を残しつつ、行事のコンパクト化が図られたといえる。なお、霜月祭りが3日間にわたっていたということは筆者の聞き取りでも確認された。インフォーマントとなった地区の方が「1日目は山に薪を取りに行く（『灸をすえに行く』）、2日目が祭り当日、3日目は片づけをして酒を飲む」と表現されたことを踏まえると、そうした理解は間違っていないものと考えられる。なお、1日目が省略されたのは、大地区にプロパンガスが普及したことも影響しているとのことであった。
ｂ．頭屋での行事の縮小　先の引用文と現状とを比較したとき、第二に気づかれることは、頭屋での行事が縮小されているという点である。1955年段階においては、二日目の儀式部分だけが地区全体での合同であり、それ以外については、神田神社、大麻神社、五社神社という三つの氏子グループで個別的に、頭屋の家を拠点として行っている。それに対して現在では、第一の点（1日目、3日目の省略）とも深く関係するだろうが、その独立性が弱められ、準備から直会まで大地区の合同ととして霜月祭りを行うようになっている。ただ、こうした変化が生じた時期、変化を

生じさせた理由については明確にすることはできなかったが、人口減少や少子高齢化を背景として頭屋の負担が重くなり、それを解決するために行事の合理化が推進されたものと推測することができる。

ｃ．直会と料理の変化　霜月祭りの直会は、一年間を通じた「村の祭り」のどの直会よりも盛大なものである。それは、今日でもそういわれているように、一年間を務め終えた旧頭屋から地域住民に対する感謝の振る舞いであった。ただ、その場所や料理の内容は時代に応じて変化している。大地区の女性に対する聞き取り結果から、その変遷をまとめる。

　まず、現在から50年あまり前、1970年ごろの直会の場所は神田神社の境内（神輿が納められた蔵の前あたり）であった。そこに焚火を二つ起こし、その一つに３頭屋がそれぞれの家で事前に準備した甘酒を大鍋に移して温めた。もう一つの焚火は暖を取る用のもので、それを囲むように椅子を並べて人々が座って飲食をした。

　この当時の料理は、大根・芋・竹輪・油揚げを煮たものと決まっていた。その材料は３頭屋が準備する決まりであったので、頭屋を引き受けた家では作付けの検討を行い、畑に大根や芋を例年より多く植えていた[13]。そして、直会の料理の調理は、1970年ごろにはすでに、各頭屋で行うのではなく、３頭屋の婦人を中心として、大地区の女性たちが霜月祭り当日に集まって行っていたということであった。男性が準備に取り掛かるよりもずいぶん早く、朝６時ごろに現在の生活改善センターの作業場（同センター建物の南西にある）のあたりに集まり、焚火を起こして釜を据え、直会の料理を調理していたのである。そうして出来上がった料理を境内に持って上がり、神田神社の備品であった木製のお椀に盛りつけて、同じく神田神社の備品である木の箸を添えて、境内まで上がってきた地域住民一人ひとりに手渡した[14]。なお、白米や赤飯、漬物は、甘酒と同じく、各頭屋で準備されていた。

　こうした状況が変化し始めるのは1980年ごろからである。現金収入が

増えたことにより、少しずつ料理に工夫を凝らすようになったのだという。それまでにはなかった汁物を出してみたり、サラダや酢の物を作ってみたり、魚を焼いて出してみたりして、だんだんと料理が豪華になっていった。こうした変化の背景には、一方には「食べる側」である男性の「あれも食べたい」という要望があり、他方には、それに応えた「作る側」である女性の料理への思い（「料理＝自分たちの腕の見せ所」という思い）があった。

　さらに、平成に入ったころからは、現在のように生活改善センターで直会の準備をするようになり、調理の利便性が急速に高まった。白米や赤飯、甘酒といった、それまでそれぞれの頭屋で準備されていたものも、3頭屋の婦人らによる共同作業で準備されるようになった[15]。ちなみに、同センターでの調理に切り替えられた背景には、人口減少（家族員の減少）と高齢化によって、一人暮らしの高齢女性が頭屋を引き受ける場合が出てきたことがある。すなわち、女性が一人で白米や赤飯、甘酒を準備するのは大変であり、余った白米や赤飯を持ち帰っても一人暮らしでは消費しきれないという問題の解決を、それによって目指したのである[16]。

　そして、2010年ごろから、人口の減少、少子高齢化がさらに進行するなか、地区の女性たちで全ての料理を準備するということが大きな負担となってきた。男性たちの考えも、それまでのジェンダー意識に基づいたものから、「女の人も楽をしたらよい」という考えになっていたという。こうしたことから、直会の料理については仕出し料理店からオードブルを配達してもらうことにした。これによって、霜月祭りにおける女性の負担は大きく軽減され、当日の準備開始時刻も男性と女性とで同じになった。

ｄ．菰の枚数の変化　前節で紹介したように、現在、霜月祭りの供物のなかで菰を掛けられているのは神田神社のお櫃だけである。しかし、旧来の慣わしでは、3神社すべての櫃と大麻神社の供物に含まれている三

重の餅の合計四つに菰に掛けていた。この変更がなされたのは、大きな労力が必要となる菰の準備が次第に地域住民にとって負担になってきたからである（変更は平成期）。なお、菰編み自体を無くさなかったのは、文化の伝承のためであり、毎年、年長者が若い者に教えながら神田神社のお櫃の菰を準備している。

第5節　祭礼行事の変化と地域住民の関係—おわりにかえて—

　以上のように、大地区の「村の祭り」においては、およそ65年間にわたってその全体的な構成に変化はみられなかった。その一方で、準備状況も含め、それぞれの祭礼行事の内容や形式に目を向けると、かなりの変更が行われていることが理解できる。その多くは簡素化の方向に向かっているが、実のところ、それらは知らず知らずそのようになったのではなく、氏子総代を中心に地区住民たちが話し合ってそれらを決定してきたのである。

　筆者は、2020年1月12日に生活改善センターで開かれた氏子総会（地区総会・初寄り合いと合同、各戸1名の条件で21名が出席）に立ち会う機会を得たが、そこでも神田神社の祭礼行事をめぐってさまざまな意見交換がなされた。たとえば、それまで夏祭りは曜日に関わらず7月14日と定められていた、しかしそれでは勤め人など参加しにくい人も多く、参加者が少ないということで、2020年以降は同日に近い日曜日に開催することになった。また、前年（2019年1月）の氏子総会で、頭屋の負担を減らす目的からお田植祭りと夏祭りの直会を無くすことを決め、2019年はその決定通りに実施した。しかし、「直会は神事の一部であり省略は宜しくない」との意見が出され、真剣な議論の末、2020年度は簡素なものではあるが飲料等を祭典の後に出すことが、この日の氏子総会を通じて

決定された。もちろん、こうした変更はひとまずは「試み」として実施され、不都合があれば、皆でより適した方策を模索し、「村の祭り」の姿を新しくしていくのである。

　このように、大地区においては祭礼行事のあり方について、地域住民間で積極的な議論がなされている。「村の祭り」の簡素化は文化の継承という意味では寂しく感じる向きもあろうかと思うが、同地区においては、その変更は地域住民が自分たちの生活状況に合わせて、自主的に選んだものであった。旧来と同じ方法で祭礼行事を維持していくことは、頭屋が果たしてきた役割の大きさをみればわかるように、ほとんど不可能なことであり、簡素化の決断は、自分たちが持ち伝えてきた「村の祭り」を持続させるための知恵でもある。

　さらにいえば、祭礼行事の本質的な部分は残し、現代では余剰となったものを省くという形で簡素化が進められている。たとえば、娯楽の不足や飲酒環境の違い等から過剰ぎみであった飲食の場面（直会や神輿の渡御）は、今日的な状況に即してシンプルなものに改められた。オードブルのように、外部のサービスを利用して差し支えない部分は、頭屋や女性たちの負担を減らすために改められた。それに対して、霜月祭りに見られるような特徴的な儀式、祭礼行事として中核的な部分は概ね以前のままの手順や形式を保っている。供物の一つであるイワシは入手が難しい年もあるが、直会の料理とは違って変更が難しい部分として認識されており、人々は入手が容易なサンマなどに変更することに大きな抵抗を示す。こうした取捨選択の状況をみると、大地区における「村の祭り」の変化を単純に「簡素化」と表現することは必ずしも適切ではない。それば、変わりゆく地域社会に合わせた、地域住民による主体的な「最適化」「合理化」の過程とみるべきである。

　なお、大地区では、地域の歴史に詳しい古老が中心となって、神田神社の由来や、一年間の各祭礼行事の意義および方法・手順を記した『神

田神社祭祀要綱記』を2009年に作成し、各戸に配布している。こうした冊子は、貴重な記録として今後の行事執行の指針となるとともに、何がその祭礼行事の中核であるかを示すことで「最適化」「合理化」の際の判断材料となりうる。大地区と同じく、人口減少や少子高齢化が進み、「村の祭り」の在り方を再考しなくてはならない地域は日本各地に存在する。将来に向けて地域住民相互に議論を尽くすこと、神社やその祭礼行事について詳細な解説を残しておく、こうした大地区での取り組みは、そうした地域にとって参考になる試みではないだろうか。

注
1) 若王子権現の棟札には、一枚のうちに僧侶と神主の名前が書かれているものがあるという。
2) 神田神社に神主は常駐しておらず、祭礼行事に合わせて招いている。
3) 2020年1月現在、頭屋になりうる家の数は、神田神社20軒、大麻神社8軒、五社神社4軒である。神田神社の頭屋は20年に1度務めればよいが、五社神社の頭屋は4年に1度回ってくる。こうした頻度の偏りも今後大きな課題となってくると考えられる。
4) 長善寺の僧侶に来てもらい、念仏を唱えながら大きな数珠を膝にのせて、数珠の玉を一つずつ隣の人に送っていく。自身の往生や故人への追善を祈願する行事である。
5) 2019年の場合、注連縄は秋祭りの1週間前（10月27日）、地区住民で神田神社の掃除をした時に綯って飾り付けた。注連縄に使う藁の調達も頭屋の役割である。また、年末の31日には長さ30cmくらいの栗の木の棒、松とフクラシの葉を鳥居や社務所に飾り付けた。
6) 輿の担ぎ手に手当が支払われるのは神田神社だけでなく、近隣の神社でもよく見られることだという。一人あたり数万円の手当に酒が付いてくる神社もあるといい、なかには有休をとって神輿を担ぎに行く者もいるとのことであった。
7) 通常の年は12組作り、閏年は13組作る。オリカケダルに使う竹は毎年大麻神社の頭屋が準備する決まりとなっている。2019年度の霜月祭りに当たっては、頭屋自身が竹を切りに行くことができなかったので、他の家にそれをお願いした。
8) 地区長が神田神社の新頭屋であり、神田神社の旧頭屋が大麻神社の新頭屋でもあったため、通常よりも参加者が2名少なかった。
9) 前者に関しては昭和40年代ごろ、勤め人が増え始めたころから衰退し始め、

平成期には行われなくなった。後者に関しては、勤め人が増えたこと（代参に選ばれても仕事でいけないと困る）、個人でも旅行が気軽にできるようになったことを背景に、高度経済成長期以降に衰退していった。

10) 当時のコシモリの構成は、担ぎ手16人、太鼓2人、獅子頭1人、計19人。

11) 現在は秋祭り1週間ほど前におこなわれる大掃除の時に、総代長が調整してコシモリの名簿を作る。

12) 事実、ある地区住民は1970年代の記憶として、「秋祭りは飲むのが仕事だった」との表現をされた。現在では準備されていないが、秋祭りに際しては神社の境内で焚火が燃やされ、そこに田の字に仕切った大鍋をかけて一升瓶を4本同時に燗をつけていた。それを、神輿を担ぐ前からコシモリを含めた地区の皆で飲んでいたのだという。

13) 竹輪と油揚げは3頭屋でお金を出し合って購入していた。

14) 一人当たりの大根、芋、竹輪、油揚げの分量は決まっていた。また、どれだけ地区の人が神社に上がってくるか予想がつかないので、最大を考えて70人前くらい作っていた。

15) ただし、米を洗う、小豆を水に漬けておくなどは、各家で事前に済ませておいた。

16) 霜月祭りの当日に準備する白米や赤飯の量は仕来たりとして定められているが、人口が減ったことと、料理が充実し、お酒ばかり飲まれるので米が余ることが多くなっていた。

第5章　大地区における保健医療の変遷と健康課題

兵藤好美

第1節　はじめに

　本章では、70年前の医学的調査（谷口1952）から大地区はどのような変化を遂げたのかを明らかにし、「保健」・「医療」の課題に焦点を当てて検証を行う。現状の大地区の姿を示し、そこに住む人たちの営為や想いを描き出すことによって、「保健」・「医療」の制度化と日本社会の近代化が、大地区にもたらした変容や意味は何だったのかを問うこととする。具体的には、大地区における保健医療の変遷と健康課題に関し、1.我が国の保健医療を巡る軌跡から見えてくる大地区の変遷　2.「高齢社会対応期」（現在）における大地区の現状と課題に分けて概観する。

　2020年1月以降、新型コロナ感染拡大のため、当初計画していた地区調査や個別の聞き取り調査は、困難を極める事態となった。そこで急遽、鏡野町役場から提供戴いた資料や、オンラインによる聞き取り調査をもとにした検討を行うことになった。

第2節　我が国の保健医療を巡る軌跡から見えてくる大地区の変遷

1．第Ⅲ期「保健医療行政再構築期」

　駒澤（2004 a）は、その時代の保健医療に関する主要課題とそれに対する主な取り組みの両側面から、日本の保健医療の変遷を5つの時期（第Ⅰ期：1868－1919「急性感染症対応期」、第Ⅱ期：1920－1945「慢性感染症対応および母子保健サービス形成期」、第Ⅲ期：1946－1960「保健医療行政再構築期」、第Ⅳ期：1961－1979「医療サービス拡充期」、第Ⅴ期：1980－現在「高齢社会対応期」）に区分している。この区分に則り、前調査からの70年間に、「保健」・「医療」の制度化と日本社会の近代化がどのように行われ、大地区の生活はどのように変化したかを検討していく。

　大地区における前回の医学調査は、1952年に実施されている。この年は、日本の保健医療変遷区分の第Ⅲ期「保健医療行政再構築期」に当たり、敗戦からの復興において保健医療行政が再構築された時期である。戦後7年は経過したものの、日本全体がまだ混乱期にある中、感染症や性病の蔓延、食糧不足など、公衆衛生水準は極めて低い状態にあり、大地区もまた例外ではなかったと推察される。前回調査においては人口構成、眼衛生状態、梅毒、口腔衛生状態、寄生虫卵保有率など、その他遺伝形質の調査が行われている。特筆すべきは、眼疾患：トラコーマに関する綿密な調査（病型、時期、年代別）や梅毒に関する集団採血検査、寄生虫卵保有率調査が実施されていることである。第Ⅲ期における主要課題の一つは、急性・慢性感染症への対応であり、このような時代背景の中で、実施された調査だったことが窺える。ここで1点気になるのが、「死に至る病」として恐れられていた結核についてである。当時、結核は感染症

の主な疾患として、重点的な取り組みが行われていたと思われる。しかしながら、結核に関する調査記録はどこにも見当たらない。その理由の一つとして、まだ全国的な結核実態調査が実施されていなかったことや調査企画の範囲外であったと考えられるが、推測の域を出ない。当時の結核による感染や対策状況が、地域住民の生活に与えた影響について触れておきたい。結核の本格的流行は、社会の都市化、産業革命が進んだ江戸時代から明治以降と言われており、1944年には、人口10万当たりの死亡率が241（推定）という日本の結核史上第2のピークを迎えている。

　戦後の結核対策として、(1)化学療法、(2)患者発見、(3)予防接種、(4)サーベイランス、(5)患者管理が構築されている。特に、死亡率の急激な改善をもたらしたのは、(1)化学療法に他ならない。1950年にストレプトマイシンの国内生産が始まり、結核予防法（1951）による公費治療の導入と共に、化学療法が全国に普及した。この普及によって排菌者は減少し、抗結核薬の開発・普及に従って、結核患者数は急速に減少することになる（森2002）。前回調査が実施された1952年には、結核による死亡率は82.2になり、1944年から僅か8年の間に3分の1にまで減少したことになる。これは驚異的な減少であり、地域住民は感染の恐怖に怯える生活から、少しずつ解放されることになったと思われる。

　1947年「新制保健所法」が制定され、人口動態統計、栄養改善、食品衛生や水道・清掃など環境衛生の改善、公共医療事業の向上、感染症の疾病予防、衛生思想の普及などといった業務強化によって、日本の保健医療の歴史は大きく変わった。1953年には第1回の結核実態調査、1957年からは患者発見に向けた検診の公費負担制度が開始され、患者への治療推進や患者家族への指導や管理などが、保健所を中心として積極的に進められていった。

　これらの総合的対策の結果、1935年から死因の第1位を占めていた結核は1951年から第2位となる。それに代わって脳血管疾患が死因の第1位

となる時期が1980年まで続くことになる。一方、悪性新生物（がん）、心疾患の死因順位も年々上昇し、1981（昭和56）年には首位を占めていた脳血管疾患に代わり、悪性新生物が第1位となる。1953（昭和28）年以降、心疾患が第2位もしくは第3位となり、成人病が死因順位の上位を占めるようになる（厚生労働省白書、2014）。前回調査が実施された第Ⅲ期（1946－1960）「保健医療行政再構築期」は、結核をはじめとする感染症による死亡が減少し、成人病が上位を占める疾病構造の大きな転換期であったと言えよう。生活習慣病（1996年：成人病から名称変更）が上位を占めるこの疾病構造は、現在へと続いている。

　前調査では、大地区の6〜10歳人口が著しく少なかったことに関し、その要因として乳幼児死亡率の高さを挙げていた。1952年当時における全国の乳児死亡率は49.4（人口千対）、新生児死亡率は25.4（人口千対）であり、低い公衆衛生水準のもと、尊い乳幼児の命がたくさん奪われていたことが窺える。しかし10年後の1962年には、乳児死亡率26.2、新生児死亡率15.3と半減、さらに2020年には、乳児死亡率1.8、新生児死亡率0.8にまで低下（人口動態統計、2020）している。1952年を100％として換算すると、70年間に乳児死亡率は 3.6％、新生児死亡率は3.1％にまで激減しており、保健医療水準が著しく向上したことを物語っている。また、寄生虫保有者に対しても検便と駆虫を中心とした事業展開が行われ、その結果、寄生虫感染率は劇的に減少した。これらの背景には、行政における保健制度の整備、保健所網を基盤とした保健サービスの拡充、住民の自主的な地区組織活動の発展と普及、保健師や助産師などの貢献があったことは特筆すべきことである（駒澤2004ｂ）。

２．第Ⅳ期：「医療サービス拡充期」

　1961〜1979年　この間、日本は高度経済成長期を迎え、第1次産業従

事者の減少に反して、第2次産業や第3次産業が高い割合を占める産業構造へと変化していく。医療サービスにおいて特筆すべきは、1961年に国民皆保険が実現し、国民が平等に医療サービスを享受できるようになったことである。この制度は、日本の医療を支える根幹として現在まで引き継がれており、全国民の保健医療水準の担保に繋がっている。それに伴って医療需要も急速に拡大し、さらに、この需要拡大に対応するために、病院・病床数が増加していった。

　第Ⅳ期では、第Ⅲ期からの保健所を中心とした結核に対する感染対策や保健衛生活動の展開および公衆衛生環境の改善、さらには化学肥料の使用による農業の転換などが、引き続き行われた。その結果、かつて社会問題となっていた結核をはじめ、赤痢、トラホームなどの感染症および寄生虫病は、急速に減少していった。また乳児死亡率の低下、出生率の急激な低下により、保健医療行政の対象は感染症や母子保健対策から、生活習慣病対策へ移行していくことになる（駒澤2004 c）。

3．第Ⅴ期「高齢社会対応期」

　1980年から現在までは、「高齢社会対応期」と称される。高齢化の要因は大きく分けて、年齢調整死亡率の低下による65歳以上人口の増加、少子化の進行による若年人口の減少にある（内閣府、2021）。1955年頃から始まった高齢化は、出生率の低下や寿命の伸びによって進行し続け、1970年には高齢化率（65歳以上の人口の占める割合）が7％を超える「高齢化社会」に突入した。そして1995年には高齢化率が14％を超える「高齢社会」、2010年には21％を超える超高齢社会となった。また2021年9月15日の高齢化率は29.1％に達しており（総務省統計局、2022）、さらに2025年には30％を超えると推定されている。

　これら高齢化への対応として、1982年には疾病の予防から治療、リハ

ビリテーションまで一貫した管理を実施し、国民保健の向上および老人福祉の増進を図ることを目的とした「老人保健法」が成立した。さらに2000年には、高齢化や核家族化の進行、介護離職問題などを背景に、介護を社会全体で支えることを目的とした「介護保険法」が施行された。現在では、約682万人が要介護（要支援）認定を受け、介護を必要とする高齢者にとってなくてはならない制度として定着している（厚労省老健局、2018）。ここ大地区においても、介護保険法によるサービスが普及しつつあり、個人あるいは家族の介護負担が軽減されている。

　一方、「2025年問題」の到来が社会問題として論議を呼んでいる。800万人いる「団塊の世代」が75歳以上すなわち後期高齢者となり、国民の4人に1人が後期高齢者という社会を迎える（厚労省、2022 a）ことになる。これらの人口構造変化により1）医療、2）社会保障、3）介護に関する問題が生じることになる。具体的には、高齢化が進むことで、1）医療費の増大、病院や医療従事者の不足、認知症患者の急増、2）年金制度の崩壊、3）要介護者数の増加、孤独死（厚労省、2022 b）などが起こることが予想されており、これらの対応は喫緊の課題となっている。現在、その対策として医療・介護制度などの改革、地域包括ケアシステムの構築、人手不足対策への取り組みなどが急ぎ行われているが、2025年まで残された時間は僅かとなっている。

第3節　「高齢社会対応期」（現在）における大地区の現状と課題

　次に、鏡野町役場から提供戴いた資料や鏡野町の総合政策室、富振興センター、保健福祉課 保健指導推進センター保健師および包括支援センター職員の方々からのインタビュー内容を元に、1）人口動態、2）保健医療、3）介護、4）地域での生活の視点から、「高齢社会対応期」（現在）

における大地区の実際を紹介する。

1．人口動態

　第1章－第3節（加賀・青尾　2022ｂ）において、1989年－2019年における大地区人口ならびに高齢者数の推移（図1-9）が、既に示されている。ここでは、特に高齢化率に注目して（図5-1）概観する。

　大地区の住民人口は、前回調査の1952年には約247名であった。しかし、1995年には114名、2019年5月には61名となり、約70年の間に25％近くまで減少している。一方高齢化率は、1995年に35.1％、2005年に37.4％、さらに2015年に43.8％、2019年に54.1％へと急上昇している。その値は全国の28.4％に較べ、2倍近い値となっている。特に高齢化率が40％を超えた2013年以降、右肩上がりの勾配がきつくなり、さらに2016年度以降、人口減少に反比例して急激に上昇している。なお、2022年6月における大地区人口は53名、世帯数27件となっており、一世帯平均2名弱であった。

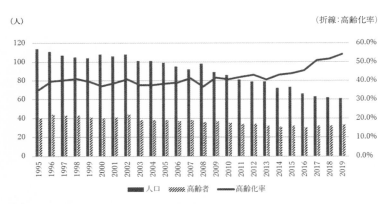

図5-1　1995年以降の大地区人口・高齢者数および高齢化率の推移
※鏡野町人口データ並びに大地区住民総会資料より筆者作成

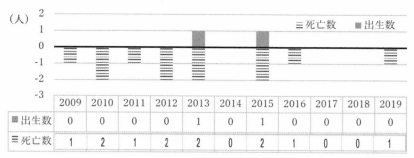

	2009	2010	2011	2012	2013	2014	2015	2016	2017	2018	2019
■ 出生数	0	0	0	0	1	0	1	0	0	0	0
≡ 死亡数	1	2	1	2	2	0	2	1	0	0	1

図5-2　大地区における2009年以降の出生と死亡の推移
※ 大地区 人口データより筆者作成

　これら人口減少の原因として、野邊（2011）が指摘するように、日本の高度経済成長における産業構造の変動期にあって、第2次産業や第3次産業に従事するため、大地区においても大都市や県南部および近隣地区への転出があったことが推測される。また町村合併も、2005年度以降人口減少に拍車をかけたとされる。2009年以降のデータ（図5-2）において、出生は2015年が最後となっており、高齢者の死亡に加えて大地区から64歳以下の年齢層が転出したことによる人口減少の可能性が示唆される。

　図5-3 ①の人口分布に示されるように、70年前の大地区における人口ピラミッドの裾野（1〜10歳）は61名で、安定した「富士山型」を示していた。しかし、現在の裾野は2名の不安定な「壺型」というより「ボルト」に近い逆三角形（図5-3 ②）となっている。縮小と変形が顕著であることが分かる。また、1人の若者（20〜64歳以下）が1人の高齢者（65歳以上）を支える「肩車型」社会に既に突入しており、さらに肩の荷が重い形へと移行している。

　現在大地区では、未就学児が2人、勝山に通う高校生もいるとの報告がある。

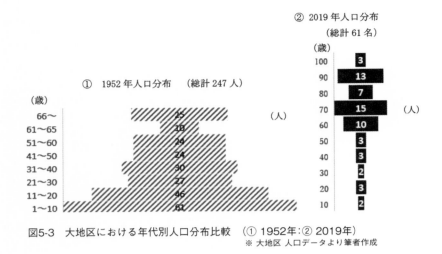

図5-3　大地区における年代別人口分布比較　（① 1952年：② 2019年）
※ 大地区 人口データより筆者作成

2．保健・医療

1）大地区における入院・外来受診状況（国民健康保険被保険者）

　調査時点で、大地区の国民健康保険被保険者における入院状況は確認できなかったため、確認できた外来受診状況を報告する（図5-4）。

　2020年度、大地区における国民健康保険被保険者のうち、受診が最も多かった疾患は高血圧であり、続いて脂質異常症、その他の神経系の疾患、関節症、胃炎および十二指腸炎の順であった。健康課題では、脳卒中、高血圧などが大きな問題となっている。また、山間部に居住している場合は、下肢の障害が問題となっている。全国の外来における疾病の集計でも、消化器系疾患、循環器系疾患、筋骨格系および結合組織の疾患が高い割合を占めており（厚生労働統計協会、2020）、若干順位は異にするが同様な傾向を示している。

2）大地区における医療機関

　戦後から富地区の医療は、農村診療所において地元の医師により支えられてきた。現在、大地区の住民が利用する医療機関として、鏡野町国

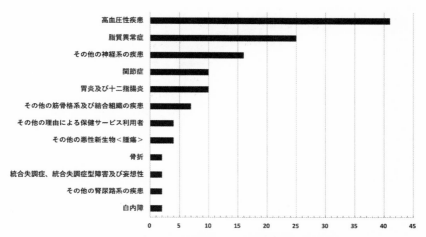

図5-4　大地区における 2020年度 外来受診状況（国民健康保険被保険者）
　　　　※ 富地域　外来データより：上位12位までを抜粋・グラフ化（筆者作成）

民健康保険病院（以降、鏡野町立病院と略）、真庭市の医療機関、富地域内の診療所がある。病院は鏡野町や津山市にあり、主な通院先は真庭もしくは診療所となっている。なお、高齢者の中には、受診を我慢する人もいるとのことである。

　診療所は、富地区における福祉センターの中にある。平成11年の開設までは、旧診療所において診療が行われていた。現在、内科は月・水・金曜日の週３回のみ、鏡野町立病院から派遣された医師・看護師らによって診療が行われている。往診にも応じており、所轄地域は旧富村全域となっている。また歯科も開設されており、火・日曜日以外の週５回、町職員の歯科医、歯科衛生士が診療に当たっている。地域医療の課題として、医師不足と高齢化により、医療提供体制の継続が困難となってきている。さらに診療所についても、現状をこのまま維持できない可能性があり、これらの対策が課題となっている。

　診療所が24時間体制対応でない不安に対して、「バイタルリンク」が導入されたが、使用上の課題があり、現在は稼働していないとのことであ

る。導入にあたっては、医師、弁護士、薬剤師、医療ソーシャルワーカー、訪問看護職、認知症介護専門職など、27名からなる在宅医療介護連携推進協議会が設置された。「バイタルリンク」とは、訪問看護師が患者の写真や動画を撮り、血圧や表情などのバイタルのデータを一元管理し、メールで医師に送って診てもらう多職種連携情報共有システムである。この導入により、Ｔ社が提供する携帯などで、簡単に情報共有できるようになっていた。今後の実施再開が期待される。

３）大地区における通院方法

　車がない場合は、通院のみならず生活ができなくなる。健康教室などが開催されても、会場までいけない人もいる。これらの対応として無料の福祉バスが運行されており、地域から診療所のあるセンターへ行くことができるようになっている。運行当初、福祉バスの利用者は多かったが、高齢化がだんだん進み利用者が低迷している。このように車の運転やバスの利用が困難になることで、地域における生活の継続も困難になってくる。通院が困難な場合、往診等での対応する場合もある。

３．介護

１）大地区の介護状況

　介護保険制度が始まった当初は利用に抵抗があり、ヘルパー等に迷惑をかけたくないと思う人も多く、受け入れが難しい時期があった。しかし20年程経ち、人々の「訪問介護」または「介護サービス利用」についての意識も変わり、受け入れに関する抵抗も今はかなり改善されてきた。また介護保険制度が施行されたことで、以前と較べ福祉サービスも充実してきている。市町村合併後、社会福祉協議会（以降、社協と略す）職員の支援もあり、介護については富の福祉センターのデイサービス（現在は火・木・金曜日の開催で、スタッフは流動的）、ヘルパー、診療所の

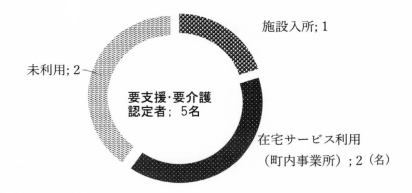

施設入所；1

未利用；2

要支援・要介護
認定者；5名

在宅サービス利用
（町内事業所）；2（名）

図5-5　大地区における介護保険サービス利用状況（2021年）
※ 富地域医療・介護保険データより著者作成

　訪問の活用により、できる限り自分の家で支援を受けることができるようになっている。ただ診療所は規模が小さく、サービスに限りがある。

　鏡野町には地域包括支援センターが1ヶ所あり、対象者に対し、筋トレ教室・脳トレ教室・入浴施設等のサービスを実施している。筋トレ教室の利用者は富全体で8名、そのうち大地区は6名である。加えて脳トレ教室は富全体で2名、そのうち大地区が総てを占めている。入浴サービスなど送迎が可能となっている、しかし自宅での入浴が可能で軽度のためか、現在、利用者はいない。

　また富には福祉センターが1ヶ所あり、要介護者のためのデイサービス事業所がある。合併前に実施していたサービスの内容は、ほぼ維持されているが、実施頻度は減ってきている。以前は月～金までの週5日であったが、土日以外の利用者減少と職員不足に伴い、週3回のみの運営となっている。

　以前は、自分でできることは自分で行い、家族で頑張る人が多かったため、介護保険の利用者は少なかった。しかし、高齢化がさらに増加し

てきた現在、制度の利用は必然となってきている。2020年2月、介護保険利用者の平均年齢は約86歳で、現在、富での介護保険の利用可能者43名のうち11名が、要支援1・2レベルの認定を受けている。ただ、在宅での介護は限度があり、家族の都合により自宅で介護が継続できなくなるとデイサービス、入所あるいは入院せざるを得なくなる。また、急に困った状況に直面し入所場所を探しても、入所できる場所は見つからず、津山や真庭まで行くことになったり、子どものいる所に移住することになるといった課題も抱えている。

　富の構成地区である大地区における介護保険サービス利用状況（2021年）は、図5-5の通りである。要支援・要介護者認定者5名のうち、在宅サービス利用（町内事業所）は1名、施設入所は2名で、残り2名は未利用であった。介護保険での、在宅サービスは現在2名となっている。1人は要介護1で、富のデイサービスを週2回、また手すりのレンタルを利用している。介護度が上がると鏡野町内にある施設や、特別養護老人ホーム、また、県内の施設に入所している。真庭市に隣接しているため、富地区に限り11人がケアハウスや特養など真庭市の施設へ入所している。

２）在宅介護

　多くは在宅での介護を望むが、実際にどこまで叶うか難しい。人もいないし、時間もかかる。隣近所に知られると恥ずかしい、家族に迷惑をかけたくないという高齢者も多い。二人暮らしの高齢者のうち一人が施設へ入所すると、残された一人はやむを得ず子供と同居もしくは介護保険施設等に入所するようになる。また、子との同居も時代と共に減っている。以前は同居が当たり前だったが、最近は子が結婚しても、近くの家を借りたりするようになってきている。

　在宅サービスは、町内の社協（奥津）や事業所で行われている。地域に深く関わるサービス（小規模多機能サービス・宿泊・訪問などが可能）

があればよいが、社協で24時間サービスを実施するには、介護人材が足りない。訪問介護や入浴サービスもあるが、介護サービスにおいて点滴ができないなどの制約もある。訪問介護（ホームヘルプサービス）の事業所は奥津にある。社協全体で正職員・パート職員合わせて100名となっており、専門員、ケアマネジャーなどで構成されている。

　富の外部から訪問看護やヘルパーが来ることがある。社協で富地区に関わるヘルパーは、3〜4名（奥津駐在）である。診療所の訪問看護は、看護師だけが担っており、訪問看護ステーションを導入しているのは、1病院のみとなっている。介護保険では会議やKY協議会を通して情報共有が行われている。認知症外来もあるY病院を含め、各病院で協力し合う協定が結ばれており、医師会の会長を通して、町の動向、検診情報などを共有されている。

　ヘルパーの利用対象者は要支援1・2となっている。富全体では7名が利用しているが、大地区では皆無である。また、富地域には事業所がないため、奥津地域にある社協のヘルパーが富も担うという状況になっている。富・奥津・上齋原において民間の事業所では採算がとれないため、鏡野町社協が3つのエリアをカバーしている。そのため需要が多くなると、サービスの希望対応、回数の増加、希望の日時指定が困難になるという支障が生じている。事業は、正職員4、5名程度、パート職員を含め6、7名で行われているが、地区が広く車移動となるため、厳しい運営となっている。

　また、認知症患者が増えてきており、「SOSネットワーク」が構築された。徘徊などの症状があって、自力での帰宅が困難な者を予め登録しておき、行方不明になった場合には郵便局や商店、町民にメールを送って、捜索に協力して貰うことができるシステムである。最新の情報（令和4年6月22日付）では鏡野町全体で40件、富では4件の登録が行われている。

3）施設入所

　富にはグループホームが1ヶ所あり、富地域外の方も入居しているが、一方では子どもの近くなど、他施設を探す人もいる。現在（2020年2月）、グループホーム4名、特別養護老人ホーム1名、有料老人ホーム1名、ケアハウス1名、老健（介護老人保健）施設1名、合計8名の方が施設を利用している。なお、富には2ユニットのグループホームがあり、現在、そのうち1ユニットのみ稼働しているが、定員割れの状態である。具体的には①スタッフがいないので1ユニットにする。②スタッフが揃ったので2ユニットにする。③途中から定員割れとなり、1ユニットに戻す、といった繰り返しが行われている。

　グループホームは、主に富在住の方が入所している。しかし中には居住地でない他のエリアを利用するといった不思議な現象が起きている。要因として、施設入所を近所の手前や人に知られたくないのでは、といった見方がある。一方、グループホームの特性上、終の棲家とはなり得ないため他の施設に移ったり、子どもが居住している付近の施設に入所する場合があるのでは、と推察される。

　豪雪地帯になる富地域（大地区を含む）の高齢者からの相談として、雪が多い冬の間のみ施設を利用したいというニーズがある。しかしながら、鏡野町にはケアハウスやニーズに応える施設がなく、やむを得ず津山市内や小規模多機能な施設を3ヶ月紹介するケースもあるとのことである。

4．地域での生活

1）地域活動

　社協で地域サロン活動を実施しており、鏡野町では93ある地区の内、53地区が実施している。富でも大地区を含む5ヶ所で開催されている。地区の人が集まって話やお茶をしたり、福祉センターの職員がたまに行って

話をしたりする場となっている。旧小学校が集会所になっており、週1回、ハツラツサークル（転倒しない体操など）を実施している。また社協で介護予防サポーターを育成しているが、大地区にサポーターはまだいない。

2）食生活を支えるサービス

　食生活を支える店舗として、生協や移動スーパーがある。昔は店も沢山あったが、富のJAがなくなってからは、婦人部が店を出していたことがあった。富に唯一残った商店では、色々な商品が販売されており、富の方はそこで生活必需品等を購入している。

　今は栄養バランスに気をつけて、蛋白質も摂取するようになってきている。しかし自分で炊事ができなくなると粗食になったり、買ってきたものを摂取し塩分の取りすぎになるといった食生活上の問題が生じている。配食サービスでは、介護度や認定の有無にかかわらず、65歳以上の独居高齢者か高齢者のみの世帯を対象として、配食を行っている。当サービスは、弁当調理・配達・安否確認（異変時には町へ連絡）がセットになった事業であり、2021年12月現在、富全体で10名、そのうち大地区は3名が利用している。

　富をエリアにして配食まで担う業者は、奥津地域に2事業所がある。3〜4年程前までは、ボランティアにより20年以上配食サービスが行われていたが、ボランティア自体が高齢化し、配達などが困難となった。平成4年6月1日より富地域にも配食サービスを行う事業が開始されたとのことである。富のエリアは夕食のみ配達、鏡野などの他エリアは昼中心の配達となっている。価格について一食当たり600円相当の弁当を、町が上限250円で賄い、自己負担額を350円〜400円程度に設定している。

3）地域の健康課題

　鏡野町保健福祉課保健師から、鏡野町（大地区）の保健師活動の実際と健康課題について、話を伺った。「地域での保健師活動を通して感じて

いる健康課題」について紹介する。

(1)大地区の特徴として、富中心部、津山市方面へのアクセスのしづら
さや専門の医療機関や様々なサービスが限られているため、受診が
中断したり、利用につながらない場合もある。

(2)様々な地域の健康課題に対しては、集団への健康教育の実施や個別
の家庭訪問を実施し、対応している。

第4節 おわりに

日本の保健医療水準は、前調査時と較べ保健衛生活動などによる生活
環境や食生活・栄養状態の改善、医療技術の進歩および治療薬の開発等
により、飛躍的に向上した。その結果、平均寿命は世界でもトップクラ
スとなり、70年前と較べ20歳近く平均寿命が延びた。しかしながら、こ
の結果を私たちは素直に喜べなくなってきている。日本の高齢化は、今
後ますます進むことが予想されており、「2025年問題」は喫緊の課題と
なっている。高齢化の主な要因として　1.年齢階級別死亡率の低下によ
る65歳以上人口の増加、2.少子化の進行による若年人口の減少が挙げら
れる。中でも、1）医療、2）社会保障、3）介護に関する問題が増大す
ることが危惧されている。

超高齢社会の進行と共に、日本の各地で集落からの人口流出が続き、過
疎化が進んでいる。人口減少と高齢化は、まず地方において顕著になり、
地域コミュニティや生活基盤の崩壊・消滅の危機という形として現れて
くる（総務省、2015）。大野（2008）は、65歳以上の高齢者が集落人口の
50％を超え、冠婚葬祭をはじめ田役、道役などの社会的共同生活の維持
が困難な状態にある集落を「限界集落」と定義した。様々な面で集落の
維持が限界に達することが問題視されており、その背景には、盛んな産

業がないこと、集落内での子供の誕生や他の地域からの移住者がいないこと、さらに若者が帰ってこないこと等があると言われている。

　現在は「限界集落」ではなく、「基礎的条件の厳しい集落」「維持の困難な集落」という表現に変わってきている。総務省（2020）の発表によれば、過疎地域の集落数は63,237集落、集落人口は10,357,584人、過疎地域の1集落当たりの平均人口は約164人と報告されている。この70年間における大地区人口分布の変容は著しく、2019年の高齢化率は既に54.1％に達している。加えて、前述の背景要因の多くが該当する。

　私たちが日常生活を送るために必要な各種サービスは、一定の人口規模のうえに成り立つ。必要な人口規模を割り込む場合には、生活関連サービス（小売・飲食・娯楽・医療機関など）において、サービス産業の撤退が進む（国土交通白書、2014）と言われており、今後のサービスの低下が案じられる。

　今回の調査を通して、大地区では 1）民間事業による商品の販売店舗や在宅介護を支えるヘルパー派遣等の縮小や撤退、2) 自治体や 公共の交通・保健・医療・介護サービスにおける利用者の僅少や減少に伴う事業継続の限界、3)特に高齢者において、車が運転できないことによる通院や生活維持の困難、4）受診や介護保険利用に対する世間体や家族への遠慮などによる活用の躊躇など、生活の営みや医療・介護に関して、多くの課題を抱えていることが明らかになった。

　しかし一方では、これらの厳しい課題に対応すべく、自治体や地域のコミュニティおよび専門職員などが、それぞれ共同・連携しながら協議し、懸命に地域を支える取り組みを行っている状景が浮かび上がってきた。職員は、介護保険制度ができたことで、以前と比べて福祉サービスが充実してきたことを実感しながらも、細かい情報までは共有できていないことを課題と捉えている。また、今後の発展については、①情報の共有をもっと進めること　②24時間受付の電話相談が利用できることを

周知すると共に、顔を見て気軽に相談できるような総合的な窓口の必要性　③一人暮らしの方にもっと心遣いができるシステムの必要性を感じ、それぞれ対策に向けた活動を行っていた。人口減少と高齢化は、解決の糸口が見えにくい難しい問題であり、今こそ、持続可能な高齢者支援態勢の在り方を改めて問い直し、実態を踏まえた将来ビジョンの提示が求められている。

　その対策の一つとして、自治体（市区町村）が責任主体となって、住民が住み慣れた地域で最期まで日常生活を送ることができるよう、地域の実情に応じて支援を提供する地域包括ケアシステムの構築が期待されている。また、認知症患者の行方探索「SOSネットワーク」の活用や、今は残念ながら稼働していないが民間業者とタイアップした多職種連携情報共有システム等のICTやAIの活用（星，2020）は、大地区が直面している課題解決に向けて重要な施策となっており、今後、ますます必要になってくるものと思われる。

　以上、「保健」・「医療」の制度化と日本社会の近代化が、大地区にもたらした変容や意味について検討してきた。特に、保健・医療制度としての国民皆保険制度や介護保険制度の導入は、国民が安心して医療や介護サービスを受けるために重要かつ不可欠な制度であり、日本社会の近代化と共に、地区住民の生命と健康に大きな恩恵をもたらした。しかしながらその反面、超高齢社会を迎えたことによる人口減少と高齢化さらに過疎化が、地域における生活の営みに大きな障壁となっていることが明らかになった。今後、地域ぐるみでどう向き合っていくか、そして私たち一人一人にできることは何なのか、これらの探求と実践が、私たちに課せられている。

注
1) 調査の概要：第1章 2節 2. 大地区の経済と生活　医学調査に関する記述（加
　賀・青尾2022a）で紹介済み

第6章　大地区と富地域の現在
——平成の大合併と地域運営組織に焦点をあてて

第1節　はじめに

　大地区を含む中山間地域の集落にとって、2000年代における最も大きな外部環境の変化は平成の大合併であろう。平成の大合併とは、1990年代末から2000年代前半にかけて、地方自治体の財政基盤の確立と地方分権の受け皿づくりを目的として進められた全国的な市町村の広域合併の動きを指す。合併準備段階と合併後に財政的な優遇措置が付与されたことにより、1999年以降、合併数は640件にのぼり、市町村数は3,232（1999年3月末時点）から1,730（2010年3月末時点）まで減少した（総務省 2010: 5）。平成の大合併は、上述のとおり財政面でのメリットが大きい一方、合併自治体の周辺部への悪影響が指摘されている。たとえば、「役場が遠くなり不便になる」や「中心部と周辺部の格差が増大する」、「住民の声が届きにくくなる」といった問題点が指摘されている（総務省 2010: 19）。

　平成の大合併をきっかけに、広域化した自治体の補完・代替を意図して各地で設立されたのが地域運営組織である[1]。地域運営組織（Region Management Organization：RMO）とは、過疎地域の生活機能を支える事業の実施主体を指し、地域住民によって設立され、合併前の旧市町村や小学校区などを範域とするものが多い（総務省地域力創造グループ地域振興室 2014: 1-6）。2020年度で802市区町村に5,783組織が存在している（総務省地域力創造グループ地域振興室 2021: 20）。

　大地区は、1889年に苫田郡旧富東谷村、旧富西谷村、旧富仲間村、旧

大村、旧楠村が合併して富村となって以降、100年以上に渡り富村の一地区として存在してきた。しかし、富村は2005年に旧鏡野町、旧奥津町、旧上齋原村と合併して現在の鏡野町となり、大地区も鏡野町富地域の一地区となった。そして、合併後には、富地域を範囲として、地域運営組織である「地域づくり協議会」が設立されている。このような環境の変化は、大地区と富地域にどのような影響を及ぼしているのであろうか。本章では、市町村合併と地域運営組織に焦点をあてて、中山間地域のコミュニティの現状を明らかにしたい。

　本章の構成は以下のとおりである。第2節では平成の大合併による富地域の変化を、第3節では鏡野町の地域運営組織の設立経緯と富地域の地域運営組織の現状と課題を整理する。第4節では、まとめとして、広域自治体と中山間地域のコミュニティとの関係、および中山間地域における地域運営組織の現状について検討する。

（本田　恭子、金　科哲）

第2節　平成の大合併に伴う富地域の変化

1．はじめに

　本節では、まず、岡山県企画振興部市町村課（2007）に聞き取り調査結果を加えて、鏡野町誕生の経緯を整理する。次に、合併後の鏡野町の重要課題であった行財政改革の概要と結果をまとめる。続いて、聞き取り調査結果より合併後の富地域の変化を整理するとともに、アンケート調査結果より合併に対する住民の意識を富地域と鏡野町中心部で比較することによって、市町村合併が周辺部に与えた影響を考察する。なお、聞き取り調査は苫田郡西部合併協議会関係者と鏡野町役場職員、鏡野町役

場の富地域内の支所である富振興センター職員に実施した。アンケート調査の詳細は第4項を参照されたい。

2．鏡野町誕生の経緯

　岡山県内の市町村合併の動きは2001年に端を発する。岡山県は、2001年3月に市町村合併推進要綱を策定し、地理的一体性や歴史的経緯、住民の日常社会生活圏や市町村の広域行政圏域[2]、国・県の行政区域、産業・経済圏域の観点から一体性が認められる市町村合併として、19パターンの「基本的な組合せ」と11パターンの「その他の組合せ」を提示した（岡山県企画振興部市町村課 2007）。しかし、岡山県では、提示されたパターンとは異なる範囲で議論が始まり、合併協議会が何度も設置と解散を繰り返し、複雑な経緯を経て合併に至った市町村が多い（森川 2011）。

　旧富村を含む苫田郡も同様である。現在の鏡野町を構成する4町村による合併は、岡山県企画振興部市町村課（2007）では「その他の組合せ」の一つであった。これに対して、「基本的な組合せ」では、津山市と苫田郡、久米郡の12市町村（津山、加茂、富、奥津、上齋原、阿波、鏡野、中央、旭、久米南、久米、柵原）による合併が提示されていた。ただし、旧富村については、現在の真庭市を構成する9町村に旧富村と新庄村、旧旭町が加わった合併のパターンも「その他の組合せ」とされていた。

　苫田郡では、県からの提示に合わせて、合併検討のために複数の研究会が設置された。まず、2001年11月に苫田郡6町村（富、奥津、上齋原、鏡野、加茂、阿波）で苫田郡合併問題研究会が設置され、同年12月に苫田郡町村議会市町村合併問題研究会が、2002年10月には苫田郡合併問題準備協議会が設置された。しかし、苫田郡は東西に距離があるため調整が難しいこと、ならびにいずれの町村も郡内全域での合併に否定的であったことから、苫田郡合併問題準備協議会は2003年2月に解散した（岡

山県企画振興部市町村課 2007: 44)。

　2002年2月には、津山広域事務組合[3]を構成する16市町村（津山、加茂、富、奥津、上齋原、阿波、鏡野、勝田、勝央、奈義、勝北、中央、旭、久米南、久米、柵原）からなる津山市・苫田郡・勝田郡・久米郡合併問題調査研究会も設置されたが、同年10月に解散している。同年4月には、津山市・勝北町合併準備協議会が開催され、これに5町（奥津、阿波、鏡野、奈義、久米）が加入し、10月には中央町も加わったものの、数か月後に奈義町が住民投票により協議会を脱退し、奥津町と鏡野町も苫田郡西部任意合併協議会設立に伴って2003年2月に脱退している。

　現在の鏡野町の母体となったのは、2003年2月に4町村（富、奥津、上齋原、鏡野）で設置された苫田郡西部任意合併協議会である。同年3月には各町村で法定協議会設置議案が可決されたことを受けて、岡山県により合併重点支援地域に指定された。同年4月に苫田郡西部合併協議会（法定）が設置されて合併後に関する議論が行われ、2005年に新設合併で現在の鏡野町誕生に至った。

　現在の鏡野町を構成する4町村は、財政優遇措置に後押しされて合併に動いていた[4]。このうち、鏡野町と奥津町が津山市・勝北町合併準備協議会に一時的に加入していたように、両町には津山市との合併という選択肢も存在した。同様に、上齋原村も地理的な位置関係から津山市との合併の可能性が存在した。一方、富村では、真庭市との合併も検討されていた。真庭郡に隣接する富村は、現在の鏡野町中心部よりも真庭郡への交通アクセスが良い地域も存在し、買い物や通勤など、真庭郡を日常生活圏とする住民も多かったためである[5]。また、真庭郡9町村と北房町、旭町、富村の12町村は2001年4月より真庭広域連合を発足しており、富村は津山広域事務組合と真庭広域連合の両方に加入していた。2001年11月には、富村を含む12町村で真庭圏域町村合併研究会が発足したものの、任意協議会設置の合意には至らず、2002年9月に解散している。

現在の鏡野町を構成する4町村が津山市や真庭市との合併に至らなかった理由は、聞き取り調査結果によれば、規模の大きい市へ吸収されるような合併を避けたい意向が存在したためであった。ただし、富村では真庭市との合併を求める声が強く、2003年7月に村内の住民グループから真庭郡7町村（勝山、湯原、久世、美甘、川上、八束、中和）との合併協議会設置の請求が行われたが、いずれの町村も富村との合併協議会設置を議会に付議しないこととしたため、合併協議会は設置されず、この住民請求は終了した（岡山県企画振興部市町村課2007: 44）。2004年には当時の村長に対するリコール運動も行われ[6]、聞き取り調査結果によると、当時は村長派と反村長派の対立により住民間の関係も悪化したという。

　苫田郡西部合併協議会においても、町村間の対等性は重要な論点であった。たとえば、当時の上齋原村長は「人口構成比率から見て、鏡野町が76％、奥津町12％、富村、上斎原村各々6％であり、多勢に無勢の構成から多勢に押し切られる不利益の不安も幾分かある」ことから、協議会を「新設、対等の原則」で運営するために、各町村から平等に委員を輩出することになったと述べている[7]。すなわち、旧鏡野町以外の3町村には旧鏡野町への吸収合併を避けたい意向があり、これに配慮した協議会運営がなされていたことがわかる。

　この町村間の対等性に絡んで協議が難航したテーマの一つが、新町の名称であった。新町の名称は、2003年12月に公募が行われ、5つの候補があがり、最終的に「鏡野町」と「とまた町」の2案に絞り込まれた。このうち、一般公募での票数が圧倒的に多い「鏡野町」を推す旧鏡野町側の委員に対して、他の委員からは、「旧町名を使うと、他の町村では編入されたという意識が蔓延し、住民の合併の意識醸成にとって阻害要因になるのではないか」[8]などの反対意見が出された。その後も協議を繰り返したものの結論が出ず、最終的に岡山県の調停により、2004年10月に「鏡野町」に決定した[9]。

3. 合併後の財政危機と行財政改革

　上述のとおり、「平成の大合併」において、政府は合併自治体に対して様々な優遇措置を講じていた。合併後の主な優遇措置が合併特例債と地方交付税の合併算定替である。前者の合併特例債とは、合併市町村が新しいまちづくりに必要な財源として借り入れできる地方債のことであり、事業費の95%まで借り入れ可能で、事実上、国が返済額の7割を負担する。後者の合併算定替とは、合併市町村の地方交付税の総額が合併前の市町村ごとに算定した地方交付税の合計額を下回らないように差額を補填するしくみである。合併算定替は、合併年度とこれに続く10年間適用される。

　しかし、鏡野町は合併直後から厳しい財政危機に直面した。それは、旧町村が合併前に積極的な基盤整備を行ったために多額の負債を抱えたこと（岡山県県民生活部市町村課 2010a）、および旧町村の職員や施設をそのまま引き継いだために人件費や施設の維持管理費が多額になったこと（岡山県県民生活部市町村課 2010b）による。2006年度には、人件費や施設の維持管理費、借入金返済といった経常的経費の占める割合が96.9%となり、岡山県ワースト1位となった（鏡野町 2021a）。また、財政の健全度を示す実質公債費比率[10]は、2005年度の17.4%から2006年度には19.7%へ上昇し、地方債発行に総務大臣等の許可が必要となる18%を超える事態となった。そこで、鏡野町は2006〜2010年度に第1次行財政改革を、2011〜2015年度に第2次行財政改革を行った。

　第1次行財政改革では、事務事業の再編・整理合理化と公共施設の管理運営の見直し、補助金の整理・合理化と共同の町づくり、行政組織機構の再編と給与・定員適正化、財政の適正かつ健全な運営、委員会などのあり方の6つを大きな柱としていた（鏡野町 2007）。具体的には、人員削減と施設の統廃合、指定管理者制度の導入、水道・下水道使用料等の料

金見直しや徴収強化が進められた。加えて、毎年度の起債発行額を元金償還額の7割以内に抑えて、将来の借入金削減を図った結果、目標額を超える削減を達成した（岡山県県民生活部市町村課 2010a）。実質公債費比率も2010年度には18％を下回った（17.2％）。第2次行財政改革でも同様に、毎年度の目標額を超える金額を削減することに成功した（鏡野町 2021b）。

　こうした取り組みの結果、財政状況は次第に好転してきたものの、近年の指標は徐々に悪化しつつある。実質公債費比率は2006年度（19.7％）をピークとして2016年には7.8％まで下がったものの、その後は上昇に転じ、2019年度には11.3％まで上昇した。これは、合併算定替の適用期間終了により、地方交付税が段階的に減少していることが一因と考えられる。そのため、市町村合併の目的とされた財政基盤の確立が鏡野町において実現したか否かは、今後の財政状況の推移を長期的に見て判断する必要があろう。

4．平成の大合併が富地域に与えた影響

合併後の地域の変化

　合併後の行財政改革は、町の財政健全化のためにはやむを得なかった反面、行政サービスの低下や住民の負担増につながる内容でもあった。合併後のこれらの取り組みは地域にどのような変化をもたらし、住民にどう評価されているのであろうか。聞き取り調査結果より、町村合併後の変化は行政、インフラ整備、教育、経済、地域自治の5分野に整理できた。このうち、地域自治に関する変化は地域運営組織の設立を指し、次節で詳しく述べるため、本項では地域自治以外の4点についてまとめる。

　第1の行政面の変化は最も大きなものと認識されている。具体的には、富振興センターの機能縮小である。富振興センターは旧富村役場に置か

れた鏡野町役場の支所である。合併前には約40人の職員が勤務していたが、2019年現在、職員数は5人にまで減少した。また、合併後の約3年間は富振興センター自体に様々な権限が与えられていたが、現在、その決裁権は大幅に縮小されている。たとえば、2005年時点では、富振興センターに産業建設課と町民課、地域振興課が置かれ、センター長は部長職であった[11]が、2008年度より富、上齋原、奥津の旧3町村の振興センターには地域振興課のみが置かれ、センター長は課長職へ引き下げられた[12]。さらに2012年度より富振興センターを含む3つの振興センターは総務課の管轄下に置かれ[13]、センター長は2016年度より課長補佐職となった[14]。これら一連の変化は、行財政改革の一環として行われた人員削減とセンター業務の見直しに起因するものである。

　このような富地域内での行政機能の縮小は、行政サービスの低下や住民の生活への悪影響を及ぼすのみならず、住民と行政とのコミュニケーションの希薄化も引き起こしている。このうち、行政サービス低下と住民生活への悪影響の例として、災害対応の機動力低下があげられた。旧富村時代には地区内に消防隊が常時待機していたが、合併後にはそれがなくなった。消防車自体は富振興センターで管理されているが、センター職員に消防団団員が少ないために、火災時にすぐに消防車を動かすことができなくなっている。そして、住民と行政のコミュニケーションの希薄化の例として、情報入手の遅れがあげられた。以前はセンター長が鏡野町議会に参加し、役場本庁と月1回会議を行っていたが、センター長の役職引き下げに伴って行われなくなった。これにより、地域に必要な情報を役場本庁から入手する場が減り、情報が地域に届くのが遅くなっている。また、議会への参加や本庁との会議は、富地域の声を町政に届ける場としても機能していたことから、こうした機会の喪失は、行政と周辺部の住民とのコミュニケーションの希薄化も意味するといえる。

　第2に、合併後のインフラ整備の結果、富地域から鏡野町中心部へのア

クセスが改善される一方で、真庭方面へのアクセスの改善は進んでいない。富地域と外部とを結ぶ主要な道路のうち、奥津地域へ抜ける県道には冬季に通行が困難となる区間が存在したが、「合併4カ町村の一体性を確保する上で最も重要路線」[15]と認識されていたこともあり、2009年に改良工事が完了した。一方、富地域と真庭地域を結ぶ県道については、町境の峠の道幅が狭く落石の危険が高いため、真庭市と鏡野町がトンネル化の要望を県に行ってきているものの、交通量の少なさ故に事業化に至っていない[16]。また、中鉄美作バスの運行する真庭と富地域間のバスは2007年に廃止され、現在は町から委託を受けた富地域の事業者が乗り合いタクシーを1日2回運行するにとどまっている。このように、真庭方面と比較して鏡野町中心部への交通アクセスが改善した結果、買い物先を真庭市内から鏡野町中心部へ変更する住民も出てきている。よって、今後、真庭地域との結びつきは薄れ、富地域は鏡野町の周辺部としての性格を一層強めていくと考えられる。

　第3に、教育面については、行財政改革の一環で、2011年に小中学校の給食センターが町中心部の共同調理場へ統合された。また、2016年には富中学校を含む町内4中学校が統合され、富中学校は廃校となったため、富地域在住の中学生は長い時間をかけて通学しなければならなくなった。これにより、子育て世代の人口流出が進み、富地域の人口減少と高齢化に拍車がかかっている。小学校は合併されずに富地域に存続しているものの、小中学校合同での運動会は廃止となった[17]。これらより、地域の活気がなくなったと感じる住民もいる。

　第4に、経済面に関しては、富地域内のJA店舗が廃止された[18]ため、肥料の購入や機械の修繕が地区内でできなくなり、農業がやりにくくなったと感じる住民が多かった。農業以外に関しても、「店や人口が一極集中している」との住民の回答のとおり、店舗や人口が鏡野町中心部へ集まる傾向が続いている[19]。

一方で、合併により富地域への観光客が増えていると感じる住民もいた。鏡野町には、美作三湯の一つとして有名な奥津温泉が存在する。訴求力のある観光地と一体的にPRされることで、富地域にも波及効果がおよんでいると考えられる。ただし、2005年に完成した旧奥津町の苫田ダムに伴う周辺道路の整備によって交通アクセスが改善されたことの方が、観光客数増加に寄与した可能性もある。

　以上より、行政や教育、農業に関しては負の影響が認識されていた一方で、観光面については正の影響が認識されている。鏡野町は、町村が対等に合併する新設合併の形式で誕生したものの、行財政改革の結果、周辺部では行政機能の縮小に代表されるマイナスの方向での変化が生じており、実質的には吸収合併と同等の状況になっているといえる。

中心部と周辺部での合併に対する評価の違い

　表6-1に、鏡野町住民への街頭アンケート調査より、町村合併に対する当時の意見と合併への評価の2項目についての5段階評価の結果を示した。街頭アンケートは鏡野町中心部（役場周辺）と富地区中心部（富振興センターおよび郵便局のある宮原地区）の2か所で実施した。鏡野町中心部の回答者数は4人（男性1人、女性3人）、富地区中心部の回答者数は9人（男性3人、女性6人）である。サンプル数が少なく、これをもって住民の意識・評価の全容を解明することは難しいものの、合併自治体の中心部と周辺部での住民意識の違いの一端をうかがうことはできよう。

　鏡野町中心部の住民は、合併への賛否に関しては全員が「どちらともいえない」を選択し、その理由として「町単独での行政運営には破綻の可能性があった」や「合併に無関心」という回答が得られた。合併への評価については、「どちらかといえば良かった」が1人、「どちらともいえない」が3人であった。このうち、「どちらかといえば良かった」の理由としては「旧4町村のまとまりが感じられるようになった」との回答が、

表6-1　町村合併に対する中心部と周辺部の住民の評価

項目	評価	鏡野町中心部の住民（n=4）	富地域中心部の住民（n=9）
合併への賛否	賛成	0人	0人
	どちらかといえば賛成	0人	0人
	どちらともいえない	4人	7人
	どちらかといえば反対	0人	2人
	反対	0人	0人
合併への評価	良かった	0人	0人
	どちらかといえば良かった	1人	0人
	どちらともいえない	3人	6人
	どちらかといえば悪かった	0人	3人
	悪かった	0人	0人

出所：アンケート調査結果

「どちらともいえない」の理由として「生活に変化がない」との回答が得られた。前項の結果と比較すると、「生活に変化がない」という回答からは、鏡野町中心部では行財政改革の影響が周辺部ほどおよんでいないことがうかがえる。

　一方、富地域の住民は、合併への賛否について7人が「どちらともいえない」を、2人が「どちらかといえば反対」を選択した。「どちらともいえない」の理由としては、「合併そのものにあまり関心がなく、勝手に合併してしまった」や「合併するのは仕方のないこと」があげられた。また、反対の理由としては「富は旭川水系で生活圏が真庭だから、合併するなら真庭とすべき」との回答が得られた。富地域では真庭郡との合併を求める意見が根強かったことを裏付ける回答といえる。次に、合併の評価については、「どちらともいえない」が6人、「どちらかといえば悪かった」が3人であった。「どちらともいえない」の理由として「生活に変化を感じない」や「中学校の合併は残念だが、子どもにとっては社会性の向上や部活動の選択の自由が増えた」との回答が得られた。また、「ど

ちらかといえば悪かった」の理由として「中学校合併による通学の困難、それに伴う人口流出」があがった。これらの理由のうち、中学校合併については肯定・否定の両面の評価がなされており、野邊（2010）でも同様の結果が報告されている。つまり、地域全体でみれば悪影響であったとしても、子ども自身の教育機会の増加にはつながったかもしれない。これらの回答より、世代間で町村合併への評価が異なる可能性が示唆される。また、中学校合併のように、立場や見方によって評価が異なるものが含まれているとすると、「どちらともいえない」の回答数の多さは、このような住民の複雑な心情の反映ととらえることもできる。

　鏡野町中心部と富地域での結果を比較すると、「どちらともいえない」が最も多く選択された点は共通している。一方で、否定的な回答は富地域の住民だけが選択していた。このことから、合併に伴う悪影響が周辺部で大きい、もしくは周辺部ほど悪影響が顕在化していることが示唆される。このことは、中村・渡邊（2011）の分析結果（周辺部の人口比率が高い市町村ほど合併への否定的評価の割合が高まる）と整合的である。

（原田　寛人、本田　恭子、金　科哲）

第3節　富地域の地域運営組織の現状と課題

1．はじめに

　本節では、まず、鏡野町役場および富地域の地域運営組織への聞き取り調査と関連資料より、鏡野町において地域運営組織が誕生した経緯と富地域の地域運営組織の特徴を整理する。次に、富地域中心部と大地区の住民への街頭調査と地域運営組織への聞き取り調査結果より、地域運営組織の課題をまとめる。

2．地域運営組織の設立経緯と組織の概要

　鏡野町の地域運営組織である地域づくり協議会（以下、「協議会」とする）は、2009年施行の鏡野町未来・希望基金条例にもとづき、2010年度より始まった鏡野町未来・希望基金事業（以下、「未来・希望基金」とする）によって設立された。

　未来・希望基金は、町民が5年間の地域づくり活動計画を立てて町に申請し、町がこれに対して補助金を交付するものである。住民が要望を出して行政が事業を実施するのではなく、地域の課題解決につながる活動を住民が行政に提案する、いわば要望型の地域づくりから提案型の地域づくりへの移行が意図されている。したがって、地域づくりに対する住民の主体性を引き出し、住民と行政の協働による地域づくりを実現していくねらいが込められているといえる。

　この事業の補助金の交付団体とされたのが地域づくり協議会であった。協議会は、地区公民館を単位とし、その区域内にある自治会が構成員となって設立される組織とされた。

　協議会設立が決まった当時は、地域から戸惑いの声も上がっていた。たとえば、広域組織での事業実施が困難なため各自治会を単位に申請したいという意見や、既に実施している事業で手一杯であり新たな事業に取り組む余裕がないといった意見、事業期間（5年間）の延長を求める意見、人口の少ない地区や課題の大きいところへ重点を置いた予算配分を求める意見が出ていたことが報告されている[20]。しかし、申請が遅れると交付額が減額されるという条件が課されたこともあり、最終的に全ての地域で協議会が結成された。こうした経緯から、地域運営組織は行政からの強い後押しで設立されたといえる。住民の主体性を重視する事業のねらいとはうらはらに、実施の経緯は住民主導とはいいがたいものであったといえよう[21]。

設立された12の協議会のうち、旧鏡野町内には7組織が存在する。旧富村と旧上齋原村には旧村で1つの協議会が、旧奥津町には昭和の合併前の旧村を単位として3つの協議会が存在している。しかし、同じ協議会であっても、地域によって置かれている状況に大きな差がある。たとえば、富、上齋原、奥津地域の協議会はいずれも人口400～600人程度、世帯数は100～200世帯程度であり、高齢化率（65歳以上の占める割合）はいずれも4割を超えているのに対して、旧鏡野町内の協議会の中には3,000人近い人口と1,000近い世帯を抱える協議会も存在する[22]。

協議会の組織は、3つの事業部（ふれあいのまちづくり事業部・やすらぎのまちづくり事業部・快適なまちづくり事業部）で構成される。この構成は、全ての協議会で共通している。組織構成が町で統一されている点からも、協議会の行政主導色がみてとれる。

3. 富地区地域づくり協議会の概要と活動の特徴

富地域の協議会は富地区地域づくり協議会と呼ばれ、住民代表30人をメンバーとする。協議会の会長、副会長など、主なメンバーはいわゆる「充て職」で、富地域の地区長会の会長が協議会の会長に、地区長会の副会長が協議会の副会長となる。この他に、婦人会や消防団といった地域内の各種団体の長が協議会のメンバーとなり、上記3つの事業部に配属されている。

表6-2に、第1期（2010～2014年度）、第2期（2015～2019年度）の富地域の協議会の予算と事業を示した。協議会は1期（5年間）の活動予定を役場に提出し、承認を得て活動する。事業部ごとに活動予定を決めている。予算は第1期の5年間の合計が5,895千円、第2期は6,608千円であった。おおむね1期で6,000千円前後が交付されている。予算は全て事業部に分配され、地区には分配されていない。

2019年度までに実施された19の事業を、事業内容から「インフラ・備品整備」と「福祉・健康」、「イベント支援」、「美化」、「その他」の5種類に分類した。まず、「インフラ・備品整備」は、地区運動会開催事業とLED防犯灯設置事業、農産物販売所整備事業、集会施設整備事業、地域イベント支援事業、地域イベント振興事業が含まれる。これらの事業は販売所や地区の集会所といったインフラの整備や、備品（例：音響機器、作業台）の購入を行っている。表6-2より、予算額の多い各期の初年度・次年度に行われていることが特徴である。次に、「福祉・健康」には、見守りと声かけの助け合いネットワーク事業と高齢者見守り・サポート事業、健康教室事業、健康のむらづくり事業が該当する。これらのうち前2事業は高齢者を対象とした支援活動（例：弁当の提供）であるのに対して、後の2事業は高齢者以外も対象に含んでいる（例：体操教室の開催）。「イベント支援」は地域のイベントの支援を目的としたもので、イベントに必要な備品の購入以外の活動が該当する。具体的には富地区の風景、行事等の写真コンテストなどへの支援である。「美化」は河川清掃事業と美しいまちづくり事業が該当する。前者は河川の草刈りと清掃、後者は花壇等への植栽である。最後に、「その他」はこれらのいずれにも該当しない、協議会だより発行事業、住民意向調査事業、文化財探検事業である。これらのうち文化財探検事業は、地域の魅力を再発見するために、地区の文化財を巡る活動を行っている。

　表6-2より、協議会の特徴として、活動の固定化と行政の下請け的役割が指摘できる。前者について、第1、2期は、基本的に「その他」以外の4種類の事業が実施されてきた。これらのうち「イベント支援」、「美化」については、事業名・内容が期間を通して同じである。「福祉・健康」についても、事業名は多少異なるものの、事業内容は高齢者の見守りと体操教室の開催で共通していた。後者については、金（2020）の指摘のとおり、活動内容の多くが従来は自治体の事業であったもの（例：地域イ

ベント振興、集会所整備、河川清掃）である。つまり、自治体が実施しなくなった事業を、協議会が肩代わりしている状態といえる。

　これらの特徴は、協議会の人材面・資金面の制約に起因すると考えられる。上述のとおり、主な協議会のメンバーは「充て職」であり、本来の役職の活動のかたわら協議会の活動もこなしている状況である。また、未来・希望基金の補助金額は、協議会の活動内容ではなく人口に比例して配分されている。協議会が行政主導で設立されたために、このような制約が生じ、行政の下請け化と活動の固定化につながったと考えられる。

　一方で、2018年度以降、「その他」のグループの事業が始まっていることからわかるとおり、協議会は近年新たな活動に取り組み出している。2019年度には町からの推薦を受けて、岡山県の「おかやま元気！集落」事業に応募し、助成金を受けることとなった。もし、協議会が今後も自ら財源を確保し、活動の幅を広げていくことができれば、将来的に住民が主体となった地域づくりが実現する可能性がある。しかし、「高齢化でイベントを行おうとしても人が集まらない」という回答（協議会代表者への聞き取り調査結果）にみられるとおり、人口減少と高齢化が協議会に悪影響を及ぼしている。そのため、協議会は短期的には活動を活発化させているものの、長期的な活動の継続性は不透明である。

4．住民の認識からみる地域運営組織の課題

　富地域中心部と大地区の住民に対して、街頭でのヒアリング調査を行い、地域づくり協議会への印象を尋ねた。その結果、協議会に対して「何をしているのかほとんど知らない」（富地域中心部の住民）、「誰がメンバーなのかわからない」（大地区住民）、「協議会の活動にあまり関心がない」（同左）との回答が得られた。また、回答内容に地域差はみられなかった。これらの回答より、富地域の一般住民の協議会に対する認知度や

表6-2　富地区地域づくり協議会の予算と事業

時期	年度	予算額(千円)	インフラ・備品整備						福祉・健康				イベント支援		美化		その他		
			地区運動会開催事業	LED防犯灯設置事業	農産物販売所整備事業	集会施設整備事業	地域イベント支援事業	地域イベント振興事業注	見守りと声かけの助け合いネットワーク事業	高齢者見守り・サポート事業	健康教室事業	健康のむらづくり事業	写真コンテスト開催事業	地域イベント振興事業	河川清掃事業	美しいまちづくり事業	協議会だより発行事業	住民意向調査事業	文化財探検事業
第1期	2010	2,637	○	○	○				○						○				
	2011	2,205	○	○					○					○	○				
	2012	511	○						○					○	○				
	2013	172												○	○				
	2014	370												○	○				
第2期	2015	2,668	○			○	○	○		○	○		○	○	○				
	2016	1,444	○				○	○		○			○	○	○				
	2017	803								○			○	○	○				
	2018	809								○	○		○	○	○		○		
	2019	884								○	○		○	○	○		○	○	
第3期	2020	2,273				○				○	○	○	○	○	○	○			
	2021	2,347				○				○	○	○	○	○	○	○			○

注：2015年度の地域イベント振興事業の内容は「作業台の整備およびイベント支援」と記されていたため、「インフラ・備品整備」と「イベント支援」の両方に○を記入した。

出所：「広報かがみの」65、78、90、103、114、126、138、150、162、174、186、198号。

関心の低さがうかがえる。協議会代表者に対して協議会の課題を尋ねた結果でも、前項で指摘した人口減少と高齢化のほかに「地区との連携がとれていない」、「住民をまとめる体制ができていない」という回答が得られており、住民の回答内容と整合的である。

　表6-2より、協議会はインフラ・備品整備を通じて各地区に貢献してきた。それにもかかわらず協議会の認知度が低いことの理由としては、地区単位のつながりの強さと既存団体の存在があげられる。まず、富地域では、旧富村の範囲よりも小さな地区（集落）の結びつきが強く、河川掃除や集会などのイベントも、基本的には地区で実施される。たとえば、大地区では、現在、健康体操やゲートボール、ハツラツサークルといった高齢者向けの活動や環境保全活動（例：カタクリの花の保護活動）が行われているが、これらは協議会の活動と重複するものが多い。しかし、地区と協議会は連携していない。そのため、一般住民は集落単位の活動に参加していれば、協議会の活動に参加しなくとも生活に支障がないのである。実際に、住民に生活上の悩みを尋ねたところ、「バスの運行が少なく、生活が不便」（大地区住民）との回答が得られたのみであった。第2に、富地域には協議会以外に婦人会や青年団、消防団といった様々な団体が既に長年活動している。そのため、新たに設立された協議会の認知度が相対的に低くなっていると考えられる。

　また、協議会代表者への聞き取り調査結果より、協議会は富振興センターとのつながりは強いものの、協議会と役場本庁との話し合いの場は特に設けられていなかった。つまり、協議会は、地区のみならず、町中心部とも連携が不足しているといえる。前項において、協議会の活動には行政の下請け化と固定化という特徴がみられたが、協議会が地区とも役場本庁ともパートナーシップを構築できず孤立している状況も大きな問題である。地域運営組織は広域自治体を補完する役割が期待されており、鏡野町では住民と行政の協働の地域づくりがねらいとされていた。今

回の調査結果より、地域運営組織は一定程度補完していたものの、住民が主体となった協働の地域づくりは実現しているとはいいがたい。

（小合　達也、本田　恭子、金　枓哲）

第4節　おわりに

　本章では、平成の大合併と地域運営組織をテーマに、大地区を含む富地域の現状を整理した。調査結果をふまえて、最後に2点指摘したい。

　1点目は、周辺部での行政機能縮小に伴う自治体と住民の関係性の変化である。第2節第3項にて、行政の地域拠点である振興センターの機能縮小が合併後の最も大きな変化であり、このことが住民と行政のコミュニケーションの希薄化を引き起こしていることを指摘した。しかし、振興センターの位置づけの変化からは、自治体と周辺部の住民との関係性の質的な変化もみてとれる。

　合併直後は、振興センターが地域に関する意思決定を一定程度行える体制になっており、振興センターと本庁、議会が情報共有や意思疎通を行う機会も設けられていた。しかし、行財政改革の結果、現在の振興センターは単なる事務手続きの場となりつつある。つまり、自治体と周辺部の地域との関係性が、双方向から一方向へと変化しつつあると考えられるのである。既往の研究（役重・広田、2014）より、平成の大合併によって自治体と地域の関係性が双方向から一方向へ変わることで、地域と行政とのパートナーシップが失われ、住民の自治意識の喪失や行政への協力に対する意欲の低下を引き起こすのみならず、資源管理コストや地域の合意形成コスト等の増大につながってしまうことが指摘されている。このように、周辺部での行政機能の縮小は、中長期的に自治体運営にも悪影響を及ぼす可能性がある。

2点目は、地域運営組織の現状に対する評価である。富地域の地域運営組織は行政主導で設立され、メンバーは主に「充て職」で動員され、行政の下請けとしての役割を担うにとどまっている。住民の主体的な地域づくりという理念に照らせば、この状況は改善されるべきである。たとえば、夫・金（2010）は、1970年代からの長年に渡る地域住民の取り組みと行政の支援の結果、集落を超えた範囲での住民組織による地域自治が機能し、行政と対等のパートナーとしての関係を構築するに至った地域運営組織を報告している。この事例をふまえると、富地域においては、今後、広域的な地域自治に向けた住民の関心の喚起や地区との連携構築、行政によるサポートが課題となるだろう。しかし、深刻な人口減少と高齢化が地域運営組織の存続に悪影響を及ぼしていることも明らかとなった。つまり、地域には新たな活動に積極的に取り組むだけの余力がなく、既存の活動を続けるだけで精一杯である可能性が高い。地域運営組織に対する地域の消極的な対応は、住民自治のあるべき姿からすると望ましいとはいいがたいものの、行政からのサポートが十分に得られないなかで、地域の厳しい現実をふまえた妥当な選択肢であり、ある意味合理的な対応といえるかもしれない。

（金　枓哲、本田　恭子）

付記

　本章にかかる調査は、岡山大学環境理工学部環境管理工学科環境地理学研究室が実施している分野演習の一環で行われた。現地訪問は2019年10月24〜26日に行い、教員2名（金、本田）と学部生・大学院生4名が参加した。このうち富地域を調査対象とした学生2名（小合達也、原田寛人）のレポートをもとに、金（2020）の考察をふまえて、大幅な加筆修正を加えて本章とした。

調査に際して、多くの方にお世話になった。鏡野町役場総合政策室の高田雅司様には、調査の実施に際し格段のお力添えを賜った。また、富振興センターの赤木由美様には、富地域での調査に際してご助力をいただくのみならず、調査先や調査の進め方についてもアドバイスをいただいた。心より御礼を申し上げる。このほかにも、鏡野町役場の皆様、町民の皆様にも多大なご協力をいただいた。この場をお借りして改めて感謝を申し上げる。

注
1) 全国町村会調査室が2012年に実施した調査（第1回地域運営組織の設立・運営状況に関するアンケート）では、市町村減少率の高い都道府県ほど、地域運営組織の設置率が高い結果が出ている（坂本 2013）。
2) 広域行政圏域とは、複数の市町村が協力して行政サービスを提供する仕組みのことであり、ごみ・し尿処理や消防などの事務処理の一部を共同で行う一部事務組合と、国や都道府県などからの権限移譲や事務の直接委任も可能となる広域連合の2つのパターンが存在する（森川 2012）。
3) 津山地域の16市町村は、1991年より広域行政圏域の一つである津山広域事務組合を設立していた。
4) 当時の富村は特に自主財源に乏しく、財政力指数は0.074（1997～1999年度の3年間平均）ときわめて低かった（富村 2000: 7）。
5) 2000年時点で富地域外に就業する住民の半数が現在の真庭市（旧久世町、旧落合町）へ通勤していた（野邊 2009）。
6)「名称決定は『足踏み』状態　新町発足へ新たな懸念」（『週刊 VISION OKAYAMA』2004.10.1号）。
7)「苫田郡西部合併協議会　協議会だより　輝け・みらい」第3号（2003年8月発行）、1頁。
8)「苫田郡西部合併協議会　協議会だより　輝け・みらい」第13号（2004年6月発行）、2頁。
9)「苫田郡西部合併協議会　協議会だより　輝け・みらい」第18号（2004年11月発行）、2頁。
10) 実質公債費比率とは、地方公共団体の借入金（地方債）の返済額（公債費）が、その自治体の財政規模に対してどの程度の割合になるかを示す値である。いわば収入に対する借金の返済額の占める割合といえる。
11)「広報かがみの」1号（2005年3月発行）。
12)「広報かがみの」39号（2008年5月発行）。

13)「広報かがみの」87号（2012年5月発行）。

14)「広報かがみの」135号（2016年5月発行）。

15)「鏡野町議会平成17年12月定例会議事録」71頁より、町長の発言。

16)「鏡野町議会平成17年12月定例会議事録」、71頁。その後、2022年には道路の拡幅工事が行われることとなった。

17) その後、2022年度で小学校は閉校されることとなった。

18) 富村農業協同組合は1995年に合併してまた農業協同組合となり、富地域には富支所が置かれていたが、2001年には津山農業協同組合、2020年には晴れの国岡山農業協同組合となった。調査時点（2019年）では、富地域にはJAバンクの営業所のみが置かれていたが、2022年にはATMのみが置かれている。

19) ただし、JAの合併は町村合併やその後の行財政改革とは別個の動きである。そのため、住民には合併に伴う変化の1つと認識されていても、それが必ずしも町村合併によるものではないことには留意すべきである。同様に、野邊（2011）が明らかにしたように、富村の人口は1950年代以降一貫して減少し続けており、若い世代の転出も旧富村時代から続く現象である。

20) 鏡野町地区区長会での説明会における区長からの意見である（「鏡野町議会平成21年12月定例会会議録」、71頁）。

21) なお、協議会を地区公民館単位とするのも町長の強いリーダーシップのもとで決められた（鏡野町役場での聞き取り調査結果）。

22) 鏡野町役場提供資料。

第7章　これからの山村と大地区の将来

加賀 勝・青尾 謙

第1節　調査結果を受けて

1．70年間の変化

　本調査が70年ぶりに大地区を訪れることとなって間もなく、2020年2月以降の新型コロナウイルス感染症（COVID-19）の世界的な流行に伴い、高齢者の多い大地区での現地調査が大幅に制約される事態となった。その結果として、予定されていた調査活動の一部（戸別訪問等）を実施することができず、不十分な結果に終わってしまった。

　しかしながら、オンライン面談等の手段も使いながら、大地区の住民の方々や地域の方から多くを聞き取ることができた。その内容や様々な資料から、70年間の時を経た大地区の変化が明瞭に浮かび上がってきた。各分野からの章の内容を整理すれば、第3章は大地区の産業構造の変化並びに現状を明らかにした。第4章は大地区の祭礼の変化を通じて、環境の変化に適合しながら村の伝統文化を継続しようとする住民の姿を描き出した。第5章は健康課題の変化を通じて人口動態の変遷や医療福祉の現状と課題を捉えている。第6章は「平成の大合併」以降の地方自治の変化に対応するための試みとしての地域運営組織とその課題について分析を行っている。

　そこから見えるのは、人口の減少や生活基盤の変化に柔軟に対応しな

140

がら、村の生活を続け、守ろうとする住民の姿である。70年前は炭焼き
を主な生業としていた山村は、交通インフラの整備もあって、現在では
近隣市街地への通勤を行う傍らで限定的に農林業を続けるという姿に変
貌を遂げている。就労のみならず、買い物や通院も地域外に頼る部分が
大きくなっており、いわば村の生活基盤の「広域化」が進んでいる実態
が明らかになった。別の見方をすれば、そうした時代に合わせた変化な
しには村の存続は難しくなっていると言えるかも知れない。

　大地区の人口がかつての5分の1以下となり、高齢者が多数を占めるよ
うになってきた今、移住者の存在もあるとはいえ、中長期的には村の存
続が危ぶまれると言わざるを得ない実態がみられた。それは、中国山地
に点在する多くの集落にとって共通の課題となっている。中国地方5県と
兵庫県の69市町村を対象として、中国新聞と島根大学が共同で行った調
査によれば、65歳以上の住民の割合が50％を超えた集落は全集落の27.1％
を占め、83集落（全集落の0.7％）が今後20年で消滅が懸念されるとの回
答があった（中国新聞取材班 2016）。旧富村でも既に兼秀は旧住民は誰
もいない状態となっており、今後、岡山でも集落の消滅が現実のものと
なっていくことが懸念される。

2．新たな動き

　こうした以前から続いてきた傾向に、新型コロナウイルス感染症の世
界的流行と、更に2022年に入ってからのロシアのウクライナ侵攻によっ
て、新たな変化がもたらされた。新型コロナウイルス後のデジタル技術
を利用したテレワークの普及により、東京圏への人口流入が鈍る（日本
経済新聞 2020.8.5）など、都市一極集中の見直しも起こりつつある。ま
た新型コロナウイルス感染症に加えて、ロシアのウクライナ侵攻を受け
て世界中で物流が停滞しており、更には両国が主要輸出国である小麦等

の食料品や木材の値段が急騰している。特に木材は侵攻前から世界的な不足と相場高の「ウッドショック」によって価格が大幅に高騰しており、輸入木材の価格高騰や不足にともなって国産材の需要も高まっている（日本経済新聞 2021.12.28 / 同 2022.2.3）。農林水産省の「農林水産統計」によれば、2022年1月のすぎ正角乾燥材の価格は㎥あたり131,000円、ひのきが168,000円となっている。これは2020年のそれぞれ66,700円、85,000円に比べほぼ倍額となっている（農林水産省「農林水産統計」）。

　食料品についても農林水産省によれば、日本のカロリーベース食料自給率は1965年の73％から2020年には37％（生産額ベースでは67％）まで落ち込んでいる（農林水産省ウェブサイト）。これまで日本は「工業製品を輸出した金で食料品を世界中から輸入する」という戦略をとってきたものの、2010年代以降、世界経済の成長が続く一方で日本経済が停滞する中で、牛肉やマグロ、小麦等の食料品、燃料、半導体等で中国等の新興国に「買い負ける」傾向が顕著になっていた。2022年7月初に1ドル＝135円をつけた約30年ぶりの円安は、そのリスクを更に高めることになる。

　これを支える工業製品の輸出についても、近年では自動車・電気機器・一般機器等の工業製品の輸出額も減少傾向にあり、貿易赤字が常態化しつつある（財務省貿易統計）。2021年の貿易統計では原油・天然ガスに続いて半導体等の電子部品やスマホ等の通信機が輸入項目の上位を占めている（日本経済新聞 2022.4.1）など、日本の工業製品輸出国、ひいては世界の中における富裕国としての地位も揺らぎつつあるといってよい。しかし、「ポスト工業国」としての日本社会の姿は未だ明らかにはなっていない。

第2節　これからの山村と大地区

1．これからの山村の役割

　今後の世界が気候変動による食料生産の不安等、一層と不確実性を増していく（井出2021）中で、大地区を含めた山村、あるいはより広く農山漁村の役割も変わっていくように思える。それは文化・情緒的なノスタルジアを超えた現実的な食料・水源・生活基盤等の「安全保障」としての役割であり、またそれを担保する社会の「公共財」としての姿である。

　食料や水源、あるいは木材等の資源供給の意義は、近年の食料価格の高騰にあって、もはや説明が不要とも言えるほど明確であろう。他国からの食料輸入に頼れないのであれば、縮小傾向にあるとはいえ依然多数の人口を抱える日本の住民の生存には食料自給率の向上が欠かせない。中でも農業法人等によって大規模化・集約化した農業生産者に依るところが大きいものの、小規模農家や集落営農の役割も、特に農業の大規模化が困難な中山間地では依然として大きい（楠本2010）。

　また既に言われているように、森林や水田による水源涵養や災害防止機能、環境保全機能、あるいは地域が持つ自然資源や文化を観光や交流の中で活用していくことも社会にとって重要な役割を果たす（農林水産省「農業・農村の有する多面的機能」）。現状で3,500万人を超える東京圏に見られるように、極度に都市部に集中した人口は生活上のストレスも大きく、都会からの新規就農者や移住者、また近隣の鳥取県智頭町で行われている森林セラピーの取り組み等、都市部を離れて農山村での生活や交流による心身の幸福を求める人も少なからず存在する（大和田2011）。

　交通インフラや医療、福祉、教育等の生活上のセーフティネットの構

築・維持を含め、農山漁村の維持には少なからぬコストが必要となる。また経済的に成り立つ産業の育成や、多様なスキルを持つ人材の誘致等の課題も存在する。しかしながら、こうした機能を持つ農山漁村を維持することは、個人や社会全体として、より心身ともに満ち足りた状態で幸せな「ウェルビーイング」な形に近づくためには必要なものであるように思える。そのような社会的合意に基づき、「公共財」として農山漁村を守り、活かしていくことが今後求められていくのではないだろうか。

２．これからの大地区

　これからの大地区がどうなるのか、それは言うまでもなく第一義的には地域に住み、関わる人たちの意思に委ねられることではあるが、幾つかの選択肢は見えるように思える。

　山地に囲まれた大地区は決して大規模農業に適しているとは言えない条件であるが、既に農地の集約はファーム登美、あるいは相対的に「若手」である農業者への貸与という形で進みつつある。あるいは近隣地域である真庭市北房の農業組合法人清藤（きよとう）では、水田を転用して果樹園とし、地域住民の共同出資による果物の店頭・通信販売やカフェの経営を行っている。こうした新たな取り組みが、今後移住者やＵターン者も含めながら広がることが期待される。

　更に林業についても、現在では山の維持管理はなされているものの、今後相続等によって所有者が変われば、特に村外に居住する所有者にとって維持は容易なことではない。十分な知識や技能を持った住民がいる間に、所有や植林等の維持管理を含め、地域の森林組合や行政、林業に携わる地元企業等とともに、新たな経営の形態を模索していく必要があろう。

　その際に、これまで多くの経験を積み、豊富な知見を持った住民の存

在は貴重なリソースとなろう。地域の古老のお一人は「今なら、外から来た人に畑や山のことなど教えてあげられるんだが」と言われる。

　また観光や再生可能エネルギー等の新たな地域産業の育成による雇用の創造も急務であり、それによって新たな住民が地域に入ってくることが期待される。医療や福祉、教育といった生活上のセーフティネットの維持も、特に高齢化が進む地域で住民が最後まで自立して、尊厳を持って暮らせるためには必須であり、そのための通信・交通インフラやモビリティ、更にはITを活用した新たなサービスやコミュニケーションで住民を支えていく方法を考えていく必要があろう。

第3節　調査を振り返って

　本調査は（公財）橋本財団様のご厚意により調査期間を2度にわたり延長していただいたにもかかわらず、期間中に新型コロナウイルスの流行が終了しなかったこともあり、当初予定していた通りに調査活動ができなかったことは、担当者として慙愧の念に堪えない。

　一方で調査にご協力を頂いた大地区の皆様、あるいは鏡野町や地域の関係者の皆様にはあつく御礼を申し上げたい。またこの厳しい制約下で実際の調査を担当された岡山大学の研究者や学生、並びにそれを支えてくれた事務職員の各位にも御礼を申し上げるものである。そして調査の進捗がはかばかしくない中で温かく見守り、ご支援を頂いた橋本財団の橋本理事長ほか皆様には本当に御礼の言葉もない。

　調査を通じて大地区の皆様のお話を伺い、地域を歩く中で我々も多くを学ばせていただいた。中でも森江俊文さん、難波悦延さん、大長増久さんらには何度もお話を伺い、貴重な資料をお見せいただくなど、地域のことについて多くをお教えいただいた。コロナ流行の合間を縫って大

図7-1 学生にミツマタの木を見せる大長増久さん　青尾撮影

長さんに学生とともに山の中を案内していただき、林業の昔についてお話を伺ったことは忘れられない思い出である（図7-1）。調査に関わった私たちそれぞれが、お話を伺ったお一人ずつの地域に関する知識や知恵、思いを感じながら、人にとって何が「幸せ」と言えるのかをあらためて考える機会を頂いたように思う。

　中でも岡山大学を卒業し、大地区にあった富小学校興基分校の教員として赴任され、その地に嫁がれた森江（旧姓：深田）弘子さんにお会いできたことは、70年前の調査以来の岡山大学と大地区の深いご縁を感じるものであった。分校は僻地教育のための岡山大学附属小学校の研究指定校となっており、弘子さんは在学中に大地区を訪れたことを契機として着任し、40年間を教員として勤められた。当時は教育活動の一環として、先生が学童をお風呂に入れるようなこともあったという。現在は大地区でご夫君の俊文さん（地域の歴史・文化の研究者であり、本調査の主要な協力者でもある）、息子さんご夫婦と孫たちに囲まれて生活されており、インタビューした学生に対して「できるだけ最後まで地区に住みたい。……地区が再び人が入ってくるように策を講じられるよう、岡山

図7-2　学生に話す森江弘子さん　青尾撮影

大学のこの研究を活かしてほしい」と言っておられた（図7-2）。

　我々は弘子さんや他の住民の方々のご期待にどれだけ応えられただろうか。まことに心もとない限りである。しかし我々は70年前の先達の情熱や労力、そして地域の皆様のご厚情に支えられ、一つの地域の70年にわたる「定点観測」という、学術的にも数少ない貴重な知見を得る機会を与えられた。それを今後の岡山大学のSDGs達成への取り組みや研究、更には地域や人の「ウェルビーイング」を実現するための提言活動等に活かしていければと思う。重ねて本調査に関わった皆様に御礼を申し上げ、本調査の振り返りとしたい。

注
1) ただし、同期間でも丸太や合板用素材、チップ・パルプ向けチップ価格の上り幅はそこまで大きくなく、供給の細った外国産材（北米材・北欧材等）の代替として、加工済製品への需要が特に高まっていることがわかる。
2) 2020年9月24日、岡山大学グローバル・ディスカバリー・プログラム2年の小原美和子が聴取。

参考文献

1．日本語文献

青木伸好, 1989,「日本の農山漁村とその変容」浮田典良編『日本の農山漁村とその変容－歴史地理学的・社会地理学的考察』大明堂, 9-21.

赤田心太・菊地成朋・野口雄太, 2019,「水動力を使った製材システムの復元的考察－福岡県うきは市の平川製材所を対象として－」『日本建築学会技術報告集』25（61）: 1323-1326.

石田寛, 1982,『地域研究のすすめ―続・牛歩遅々』古今書院.

石田寛, 1985a,「まえがき」石田寛編『外国人による日本地域研究の軌跡』古今書院, i-vi.

石田寛, 1985b,「アメリカ地理学者による日本研究」石田編 前掲書 古今書院, 39-53.

泉桂子・白石則彦・岡和夫・兼松功次・二宮隆史, 2007,「公社分収造林における「次世代の森づくり」に関わる実証的分析」『林業経済研究』56(3): 1-11.

井出留美, 2021,『食料危機―パンデミック、バッタ、食品ロス』PHP新書.

今西錦司, 1952,『村と人間』新評論社.

夫惠眞・金科哲, 2010,「過疎山村における住民組織の自治機能の維持―広島県安芸高田市川根地区を事例に―」『人文地理』62(1): 36-50.

浦野起央, 2018,『日本の国際認識－地域研究250年 認識・論争・成果年譜』三和書籍.

エンブリー, ジョン・F著, 植村元覚訳, 2005,『日本の村―須恵村』日本評論社.

大野 晃（2008).『限界集落と地域再生』, 秋田魁新報社, pp.21.

岡山県企画振興部市町村課, 2007,『岡山県市町村合併誌』.

小田切徳美・坂本誠、2004、「中山間地域集落の動態と現状 - 山口県における統計的接近 -」『農林業問題研究』40（2）: 262-277.

落合恵美子, 2017,「日本研究をグローバルな視野に埋め直す－「日本」と「アジア」の再定義」『日本研究』55巻: 85-103.

大和田順子, 2011,『アグリ・コミュニティビジネス―農山村力×交流力でつむぐ幸せな社会』学芸出版社.

戎田郁夫, 1966,「「近代化」論と日本の近代化」『関西大学経済論集』16(3): 318-338.

加賀勝・青尾謙, 2022 a,「第1章 第2節 2. 住民－高齢化と人口 図1.9 1989 年以降の大地区人口・高齢者数推移」、『「山村の生活」再訪―岡山県北部・大地区の70年』.

加賀勝・青尾謙, 2022b,「第1章　第2節　2. 住民－高齢化と人口　図1.9 1989 年以降の大地区人口・高齢者数推移」、『「山村の生活」再訪―岡山県北部・大地区の70年』.

加藤幸治, 2020,『渋沢敬三とアチック・ミューゼアム―知の共鳴が創り上げた人文学の理想郷』勉誠出版.

金科哲, 2020,「地域運営組織は過疎再生の切り札になるか」『日本地理学会発表要旨集』97:13.

京都帝国大学農学部農林経済研究室, 1935,『農村調査報告書―滋賀県東浅井郡小谷村 特に農村社會經濟の構造と機能に就て』京都帝國大學農學部農林經濟研究室.

具滋仁, 2002,「中国山地における人口移動の歴史的特徴－広島県比婆郡西城町の事例」『島根大学生物資源科学部研究報告』第7号 : 97-106.

楠本雅弘, 2010,『進化する集落営農―新しい「社会的協同経営体」と農協の役割』農文協.

久留島陽三, 2013,『現代岡山経済論－転換期の岡山経済』山陽新聞社.

国土交通省国土計画局、2008,「維持・存続が危ぶまれる集落の新たな地域運営と資源活用に関する方策検討調査報告書」.

駒澤牧子, 2004a,「第Ⅰ部 日本の保健医療の概観」『日本の保健医療の経験　途上国の保健医療改善を考える』国際協力総合研究所、p.11.

駒澤牧子, 2004b, 前掲書, p.15-17.

駒澤牧子, 2004c, 前掲書, p.20.

小松和彦, 2018,「はじめに」松田利彦他編著『なぜ国際日本研究なのか』晃洋書房, i-iii.

斎藤清明, 2014,『今西錦司伝－「すみわけ」から自然学へ』ミネルヴァ書房.

酒井直樹, 2018,「地域研究と近代国際世界－翻訳の実践系と主体的技術をめぐって」松田他編著 前掲書, 8-41.

坂野徹, 2012,『フィールドワークの戦後史―宮本常一と九学会連合』吉川弘文館.

坂本誠, 2013,「調査室レポート第1回地域運営組織の設立・運営状況に関するアンケートの結果」『町村週法』2848: 2-3.

渋沢敬三, 1982,「本会の発足に寄せて」瀬戸内海総合研究会編『瀬戸内海研究第一巻』国書刊行会, 2-5.

下山宏昭, 2014,「ニッポン・むらの構図―アメリカ人学者による日本研究」『社会情報研究』第11号 : 3-20.

末廣昭, 2006,「他者理解としての「学知」と「調査」」末廣編『地域研究としてのアジア』岩波講座「帝国」日本の学知　第6巻, 岩波書店, 1-20.

瀬戸内海総合研究会編, 1955,『山村の生活－岡山県苫田郡富村大』1982年復刻版, 国書刊行会.

谷川健司, 2017,「日本ポピュラー・カルチャー研究の「昨日・今日・明日」」『日本研究』第55巻: 105-113.

谷口澄夫, 1952,「山村調査候補地の探訪」『瀬戸内海研究』第3号: 39-42.

谷口澄夫, 1955,「はしがき」『山村の生活―岡山県苫田郡富村大』1982年復刻版, 国書刊行会.

谷口澄夫, 1981,『岡山藩政史の研究』復刻再版, 山陽新聞社.

谷口澄夫, 1982,「経過報告―発会式に至るまで」瀬戸内海総合研究会編 前掲書, 14-16.

谷口陽子, 2014,「ミシガン大学日本研究所の戦後日本調査―初代所長ロバード・B・ホールの活動と岡山フィールドステーションの開設まで」『社会情報研究』第11号: 34-56.

谷口澄夫・妹尾左知丸編, 1975,『瀬戸内海―その環境と汚染』岡山大学／山陽放送学術文化財団.

中国・四国地区国立大学共同研究グループ, 1975,『瀬戸内海環境改善の基礎的研究統合報告書』.

中国新聞取材班編, 2016,『中国山地　過疎50年』未來社.

東京帝国大学農学部農政学研究室, 1933a,『農村生活の調査』岩波書店.

東京帝国大学農学部農政学研究室, 1933b,『漁村經濟の研究』岩波書店.

富村, 2000,『富村過疎地域自立促進市町村計画（平成12年度〜平成16年度）』.

富村史編纂委員会, 1989,『富村史』岡山県苫田郡富村.

成田龍一, 2017,「「日本文化」の文化論と文化史」『日本研究』第55号: 15-33.

中生勝美, 2006,「日本占領期の社会調査と人類学の再編―民族学から文化人類学へ」末廣編前掲書, 144-177.

中生勝美, 2014,「アメリカにおける戦前の日本研究―ミシガン大学の陸軍日本語学校と日本地域研究」『社会情報研究』第11号: 21-33.

中村良平・渡邊喬, 2011,「岡山県の市町村合併効果に関する研究」『岡山大学経済学会雑誌』43(2): 1-27.

野邊政雄, 2009,「岡山県鏡野町富地域の産業」『岡山大学大学院教育学研究科研究集録』142: 19-27.

野邊政雄, 2010,「富村の合併と住民生活への影響」『岡山大学大学院教育学研究科研究集録』143: 57-59.

野邊政雄, 2011,「中国地方山村における人口移動の動向―岡山県苫田郡富村の事例」『教育実践学論集』12: 181-195.

橋詰登, 2020,「農業集落の変容と将来予測―農業センサス等に基づく統計分析から―」『第5回国土の長期展望専門委員会』.

ビアズレー, リチャード著, 中野久夫・河野道博共訳, 1953,「日本村落に於ける家柄制度」『ミシガン大学日本研究所報告書第1号』岡山大学法文学部, 81-95.

平山育男, 2022,「戦前期における機械製材機の普及とその背景」『日本建築学会

計画系論文集』87（797）: 1316-1326.

『不易流行』編集委員会, 2001,『不易流行－谷口澄夫先生を偲ぶ』故谷口澄夫先生合同葬実行委員会（非売品）.

藤原健蔵・高重進, 1982,「刊行のことば」石田寛教授退官記念事業会編『地域－その文化と自然』福武書店.

冬月律, 2019,『過疎地神社の研究―人口減少社会と神社神道―』北海道大学出版会

Bedford, Y. N., 1980,「アメリカにおけるエアリア・スタデイによる日本研究と日本の近代化」,『人文地理』32(6): 24-37.

星貴子, 2020,「過疎地域における高齢者向け生活支援の課題―互助からソーシャルビジネスへ―」『JRIレビュー』11(83): p.38.

星野紘, 2012,『過疎地の伝統芸能の再生を願って―現代民俗芸能論―』国書刊行会

ホール, ロバート・B., 1952,「アナーバーと岡山における日本研究」『瀬戸内海研究』第3号: 34-38.

松沢裕作, 2016,「日本近代村落論の課題」『三田学会雑誌』108(4): 117-125.

三木理史, 2010,「日本における植民地理学の展開と植民地研究」『歴史地理学』52(5): 24-42.

民俗建築学会, 2013,「民俗建築アーカイブ④ 昭和27年の岡山県苫田郡富村－その一森江いよ家住宅－」『民俗建築』144号: 82-88.

宮本常一・安渓遊地, 2008,『調査されるという迷惑－フィールドに出る前に読んでおく本』みずのわ出版.

森亨, 2002,「日本の結核流行と対策の100年」『日本内科学会雑誌　創立100周年記念号』第91巻　第1号, pp.131.

森川洋, 2011,「中国地方5県における「平成の大合併」の比較考察」『自治総研』387: 32-61.

森川洋, 2012,「日本における市町村合併と広域行政」『経済地理学年報』58: 219-226.

役重眞喜子・広田純一, 2014,『行政と地域の役割の分担に市町村合併が与える影響―岩手県花巻市東和地域を事例として―』「農村計画学会誌」33: 215-220.

吉川洋, 2012,『高度成長－日本を変えた六〇〇〇日』中央公論新社.

２．英語文献

Beardsley, R. K., Hall, J. W., and Ward, R. E., 1959, Village Japan, Paperback edition,

Chicago: University of Chicago Press.

Glaser, G. and Hackmann, H., 2018, "Global Science Supporting the Sustainable Development Goals", 『学術の動向』 2018.1: 32-39.

Hall, J. W., 1965, "Changing Conceptions of the Modernization of Japan", Jansen, M. B. ed., Changing Japanese Attitudes Toward Modernization, Paperback printing edition, Princeton: Princeton University Press, 7-41.

Hall, J. W., 1971, "Foreword", Shively, D. H. ed., Tradition and Modernization in Japanese Culture, Paperback printing edition, Princeton: Princeton University Press, ix-xi.

Tonomura, H., 2014, "The First Non-Military Americans in Postwar Japan: Okayama in 1950", 『社会情報研究』 第11号 : 57-68.

Vogel, E., F., 1979, Japan as Number One: Lessons for America, Cambridge, Mass.: Harvard University Press.

Zhong, Y., 2015, "The Potential of Japanese Studies as a Global Knowledge-generating Mechanism", Takii, K. ed. The Lost Two Decades and the Future of Japanese Studies, Kyoto: International Research Center for Japanese Studies, 113-125.

３．新聞記事

日本経済新聞 2020.8.5 「東京圏の人口増鈍る　伸び率4年連続減、流入も陰り」.

日本経済新聞 2021.12.28 「商品相場100品目、21年は7割が上昇　アベノミクス以来」.

日本経済新聞 2022.2.3 「集成材、22年春まで値下がりせず 欧州原料なお高く」.

日本経済新聞 2022.4.1 「止められぬ円安と貿易の憂鬱」.

４．ウェブサイト

岡山県県民生活部市町村課, 2010a 「財政比較分析表（平成19年度普通会計決算）岡山県鏡野町」岡山県ホームページ,（2021年9月17日取得, https://www.pref.okayama.jp/kikaku/sichoson/zaisei/zaiseijyoukyou/19hikaku/21kagamino.pdf）.

岡山県県民生活部市町村課, 2010b 「財政比較分析表（平成20年度普通会計決算）岡山県鏡野町」岡山県ホームページ,（2021年9月17日取得, https://www.pref.okayama.jp/kikaku/sichoson/zaisei/zaiseijyoukyou/20hikaku/21kagamino.pdf）.

鏡野町, 2007,「鏡野町行財政改革実施計画」鏡野町ホームページ、(2022年2月19日取得, http://www.town.kagamino.lg.jp/wp-content/uploads/files/sougou/gyoukaku/67796F756B616B756A697373696B65696B616B75.pdf).

鏡野町, 2021a,「第1次鏡野町行財政改革の取組実績」鏡野町ホームページ、(2021年9月13日取得, http://www.town.kagamino.lg.jp/wp-content/uploads/files/sougou/gyoukaku/67796F756B616B7528483139E3809C48323229.pdf).

鏡野町, 2021b,「平成27年度　第二次行財政改革の取組結果」鏡野町ホームページ,(2021年9月17日取得, http://www.town.kagamino.lg.jp/wp-content/uploads/files/seisaku/E8B387E69699.pdf).

厚生労働省, 2014,「図表1-1-4 年次別にみた死亡順位」『平成26年度版 厚生労働白書 ～健康予防元年～』。p.11. https://www.mhlw.go.jp/wp/hakusyo/kousei/14/dl/1-01.pdf (2022年5月30日確認)

厚生労働省老健局, 2018,「公的介護保険制度の現状と今後の役割」『平成30年度厚生労働省老健局総務課』, 1-28. https://www.mhlw.go.jp/file/06-Seisakujouhou-12300000-Roukenkyoku/0000213177.pdf (2022年5月30日確認)

厚生労働省, 2020,「表2-2 人口動態総覧（率）の年次推移」『令和2年（2020）厚生労働省統計情報・白書』, pp.7. https://www.mhlw.go.jp/toukei/saikin/hw/jinkou/kakutei20/dl/15_all.pdf (2022年5月31日確認)

厚生労働省, 2020a,「今後の高齢化の進展 ～2025年の超高齢社会像」『第1回介護施設等のあり方　資料4　委員会 H.18.9.27』。https://www.mhlw.go.jp/shingi/2006/09/dl/s0927-8e.pdf (2022年5月31日確認)

厚生労働省, 2020b,「1. 地域包括ケアシステムの実現へ向けて」『介護・高齢者福祉』。https://www.mhlw.go.jp/stf/seisakunitsuite/bunya/hukushi_kaigo/kaigo_koureisha/chiiki- houkatsu/ (2022年5月31日確認)

国土交通省, 2014,「過疎地等における物流サービスの現状分析及び検討にあたっての問題意識について　資料1」『国土交通省　総合政策局物流政策課』。pp.1-29. https://www.mlit.go.jp/common/001068998.pdf (2022年5月30日確認)

財務省貿易統計, 2022,「対世界主要輸出入品の推移」. https://www.customs.go.jp/toukei/suii/html/data/y2.pdf (2022年7月2日確認)

総務省, 2015,「過疎地域・過疎対策の概況について」『総務省 地域力創造グループ 過疎対策室』, pp.1-22. https://www.soumu.go.jp/main_content/000374269.pdf (2022年5月30日確認)

総務省, 2020,「第1章　調査の概要：図表1-3 調査対象市町村数「過疎地域等における集落の状況に関する現況把握調査最終報告（概要版）」『総務省 地域力創造グループ 過疎対策室』。pp.1-22. https://www.soumu.go.jp/main_content/000678496.pdf (2022年5月30日確認)

総務省, 2010,「『平成の合併』について（2010年3月公表)」、総務省ホームページ（2021年9月8日取得, https://www.soumu.go.jp/gapei/pdf/100311_1.pdf).

総務省地域力創造グループ地域振興室, 2014,「RMO（地域運営組織）による総合生活支援サービスに関する調査研究報告書（平成26年3月公表）」総務省ホームページ（2021年9月8日取得, https://www.soumu.go.jp/main_content/000380223.pdf）.

総務省地域力創造グループ地域振興室, 2021,「令和2年度地域運営組織の形成及び持続的な運営に関する調査研究事業　報告書（2021年3月公表）」総務省ホームページ（2021年9月8日取得, https://www.soumu.go.jp/main_content/000742477.pdf）.

総務省統計局, 2022,「介護保険制度をめぐる最近の動向について」『令和4年3月24日（社会保障審議会介護保険部会（第92回）資料1』, p.16. https://www.mhlw.go.jp/content/12300000/000917423.pdf（2022年5月30日確認）

内閣府, 2020,「第1章 第1節　1. 高齢化の現状と将来像」『令和2年版高齢社会白書（全体版）』。https://www8.cao.go.jp/kourei/whitepaper/w-2020/html/zenbun/s1_1_1.html（2022年5月30日確認）

内閣府, 2021,「第1章　5 高齢化の要因」『令和3年版高齢社会白書（全体版）』（pdf版）、pp.12.　https://www8.cao.go.jp/kourei/whitepaper/w-2021/zenbun/pdf/1s1s_05.pdf（2022年5月30日確認）

農林水産省, 2022,「農林水産統計　木材流通統計調査　木材価格（令和4年1月）」. https://www.maff.go.jp/j/tokei/kouhyou/mokuryu/kakaku/attach/pdf/index-8.pdf　（2022年5月7日確認）

農林水産省「農業・農村の有する多面的機能」. https://www.maff.go.jp/j/nousin/noukan/nougyo_kinou/　（2022年7月2日確認）

著者紹介 （執筆順）

加賀　勝（かが　まさる、第1, 2, 7章）

1958年大阪市生まれ。筑波大学大学院体育研究科修了、博士（医学）。岡山大学学術研究院教育学域教授。専門はスポーツ科学（バイオメカニクス）、中心テーマは運動が身体に及ぼす影響。2010年から2014年まで岡山大学教育学研究科長及び教師教育開発センター長。2018年より岡山大学副学長（社会連携）、2021年から上席副学長（同）。主な著書に『健康科学概論』（朝倉書店）、『おかやまスポーツのあるくらし』（岡山福武書店）など。

青尾　謙（あおお　けん、第1, 2, 7章）

1975年生まれ。筑波大学人文社会科学研究科修了、博士（社会科学）。専門はソーシャル・イノベーション論、地域研究。民間企業、NGO、国際機関、助成財団等を経て2018年より岡山大学大学院ヘルスシステム統合科学研究科講師。2021年より岡山大学学術研究院社会文化科学学域 准教授。主な著作にAoo, K.（2018）Social Innovation Scaling Process in East Asia.（大学教育出版）、Aoo, K.（2021）"The Role of Civil Society Sector in the Development of Art-Driven Regional Social Innovation", Sustainability 13（24）: 14061. など。

駄田井　久（だたい　ひさし、第3章）

1974年、福岡県久留米市生まれ。岡山大学大学院自然科学研究科修了、博士（農学）。専門は、農業経済学、資源管理学。地域資源の効率的かつ持続的な管理・活用方策に関する調査・研究を実施してきた。日本国内の中山間地域やベトナムや中国の農村地域などを調査フィールドにしている。論文として「中国・四川省紅原県で展開するヤクミルクサプライチェーンの現状と課題」『農林業問題研究（2020）』など。

高野　宏（たかの　ひろし、第4章）

1978年生まれ。2009年、岡山大学大学院社会文化科学研究科博士後期課程修了。岡山大学学術研究院社会文化科学学域 准教授。博士（文学）。専門は文化地理学。論文に高野宏（2010）「大正・昭和戦前期における大田植の社会的基盤と地域的意義―広島県西城町八鳥を事例として―」『地理学評論』83（6）:565-584など。

兵藤　好美（ひょうどう　よしみ、第5章）

1957年生まれ。兵庫教育大学大学院連合学校教育学研究科修了、博士（学校教育学）。専門は基礎看護学。医療安全に関する調査やゲーミングシミュレーションの開発を行ってきた。岡山大学学術研究院ヘルスシステム統合科学学域教授を経て、2022年4月より岡山大学名誉教授。主な著書に、兵藤好美、田中共子（2022）「医療安全のためのゲーミングシミュレーション ―ヒューマンエラーの流れを体感で学ぶ―」（渓水社）等。

金　枓哲（きむ　どぅちゅる、第6章）

1964年、韓国生まれ。ソウル大学地理学科修士課程修了、名古屋大学大学院文学研究科博士後期課程満期退学、博士（地理学）。専門は農村地理学、ベトナム地域研究。国連地域開発センター研究員、東北大学理学研究科助手を経て、1999年より岡山大学学術研究院環境生命科学学域助教授・教授。ベトナム・フエ大学名誉教授。人文地理学会論文賞など受賞。主な著書に『過疎政策と住民組織』（古今書院、2003年）。

本田　恭子（ほんだ　やすこ、第6章）

1981年、兵庫県生まれ。京都大学大学院農学研究科博士後期課程修了、博士（農学）。専門は農村社会学、農業経済学。岡山大学学術研究院環境生命科学学域 助教（特任）を経て、2018年より岡山大学学術研究院環境生命科学学域准教授。地域農林経済学会学会奨励賞、農村計画学会奨励賞（論文）受賞。主な著書に『地域資源保全主体としての集落―非農家・新住民参加による再編を目指して』（農林統計協会、2013年）。

岡山大学学都おかやま共創本部

2019年設置。包括的な連携を必要とする地域課題や、大学として戦略的に推進すべき学内外からのニーズに対応すること、また、SDGs推進を核として地域とともに新たなイノベーション創出と社会変革を目指すことを目的とした総合的コーディネート業務を担う。

「山村の生活」再訪　—岡山県北部・大地区の70年

2022年9月20日　　発行

編著者　　加賀 勝・青尾 謙
発　行　　吉備人出版
　　　　　〒700-0823 岡山市北区丸の内2丁目11-22
　　　　　電話 086-235-3456　ファクス 086-234-3210
　　　　　ウェブサイト www.kibito.co.jp
　　　　　メール books@kibito.co.jp
印　刷　　株式会社三門印刷所
製　本　　株式会社岡山みどり製本